Markus Vinzent · RUINEN

Markus Vinzent

RUINEN

Faszination der Stille

Mit einem kunsthistorischen Beitrag von Karl Otto Jung

echter

Titelbild: *Val des Nymphes (Provence), Kapelle zur Mutter Gottes (12. Jahrhundert).*
(Foto: Christl Blum)

CIP-Kurztitelaufnahme der Deutschen Bibliothek

Vinzent, Markus:
Ruinen : Faszination d. Stille / Markus Vinzent.
Mit e. kunsthistor. Beitr. von Karl Otto Jung. –
Würzburg : Echter, 1987.
ISBN 3-429-01088-8

Mitglied der Verlagsgruppe »engagement«

Gesamtherstellung: Echter Würzburg
Fränkische Gesellschaftsdruckerei und Verlag GmbH
ISBN 3-429-01088-8

Inhalt

Für
Peter Schuster
Ulrich Buhr
Christine Tiator

Gekreuzigte Liebe

Ruinen faszinieren. Sie liegen oft abseits vom Wegrand, besitzen aber eine magische Anziehungskraft. Zugleich entziehen sie sich dem Betrachter. Ihr Geheimnis, das sie bergen, geben sie nicht einfach preis. Denn es ist größer als die Menschen, die einst zwischen den Klostermauern lebten, und es ist tiefer als das innige Gebet der Gläubigen in den Kirchen, die heute ohne Lied und ohne Klage, ohne Echo menschlichen Lebens sind. Unauslotbar scheint der Abgrund von Leben und Tod im Angesicht von Untergang, Ruin und Zerstörung.

Und unser Glaube – gibt er Antwort? Wir arbeiten, wir funktionieren und hoffen, daß das, was wir tun und was wir sind, sinnvoll ist. Stockt aber der gewohnte Lauf und geraten wir in eine Krise – eine physische, psychische oder religiöse –, wird im Nu alles ungewiß. Brüche, Enttäuschungen und Verluste bohren in uns. Doch ihnen kann sich stellen, wer bis in das Fundament des Glaubens hinein die Auseinandersetzung mit den letzten Fragen nicht scheut.

Die Mystiker aller Jahrhunderte wagten es, sich im Denken und Beten mit Gott auseinanderzusetzen. Und sie erfuhren dies als ungemein befreiend, als eine Freisetzung der eigenen Persönlichkeit und als Einheit mit Gott. Bis in die letzten Konsequenzen hinein gelebte Liebe suchten sie. Nicht mehr die eigene Person stand im Zentrum, sondern nur noch Gott um Gottes willen. Weil die Liebe den anderen nicht um ihretwillen, sondern um seinetwillen liebt, fordert sie alles. Sie will, daß der eine im anderen lebt.

Von der göttlichen Liebe handeln diese Meditationen. Sie sind deshalb zugleich Kontemplation über Leiden und Sterben. Sie umkreisen Jesu Kreuz und nähren sich aus den Schriften alter und moderner Mystiker. Jesu Kreuz durchkreuzt zugleich jeden Versuch, fertige Antworten zu geben. Es macht unübersehbar, daß nur die gelebte Nachfolge und deren Betrachtung ins Geheimnis einführen. Deshalb sind diese Texte praktische Meditationen, die in der Kontemplation des Kreuzes zur Praxis der Liebe anleiten.

Plato hat einmal die verächtliche und niedere Liebe der Menschen unterschieden von einer höheren, reinen und göttlichen Liebe. Von der Weltliebe sagte er, sie sei »arm, zerrissen, nackt, barfuß, armselig, obdachlos«, sie läge »auf harter Erde, vor den Türen« und sei »immer bedürftig«[1]. Jesus kannte keine zwei Weisen der Liebe. Er lebte die eine Liebe im Zeichen des Widerspruchs, Gottes bedingungslose Liebe in dieser Welt. In ihm war die göttliche Liebe absolut menschlich geworden und die menschliche Liebe wurde mit der göttlichen identisch: »Gott ist Liebe« (1 Joh 4,4). In Jesus wurde deutlich, daß diese Liebe in unserer Welt zuallererst in der Armut, unter Nackten, Obdachlosen und Ausgestoßenen zu suchen ist und daß sie nur von dem gefunden wird, der selbst das Schicksal des Bedürftigen teilt. Jesus wurde vor den Toren der Stadt geboren und starb nackt und zerrissen am Kreuz. Er war einer von denen, die auf harter Erde schlafen und in abgetragenen Kleidern gehen müssen. Aber wer liebt, baut nicht nur Brücken vom sicheren Ufer aus, sondern wagt sich in die Fluten zu dem, der um Hilfe schreit. Wer liebt, gibt sich selbst.

Gottes Liebe ist eine gekreuzigte Liebe und darum mehr als nur eine Antwort. Sie widerspricht jeder vorschnellen Lösung und läßt als wirkliche Antwort einzig ihre Verwirklichung im Leben zu. »Wer nicht sein Kreuz auf sich nimmt und mir nachfolgt, ist meiner nicht würdig. Wer sein Leben gefunden hat, der wird es verlieren. Wer es aber um meinetwillen verliert, der wird es finden« (Mt 10,38f).

[1] Zitiert nach Franz v. Sales, Abhandlung über die Gottesliebe. Theotimus, erster Teil (Deutsche Ausgabe der Werke des hl. Franz von Sales, Bd. 3), Eichstätt und Wien 1957, 314.

Wachsam wie Türhüter

Die Suche nach verfallenen Klöstern und Kirchen ist abenteuerlich, aber gefährlich wird sie erst, wenn sie zugleich eine Reise ins eigene Innere darstellt. Wer zu hastig vorgeht, stolpert und stürzt und verletzt sich dabei an seiner eigenen scharfkantigen Vergangenheit. Nur zögernd tasten wir uns an die Bruchstellen im Leben heran, wo wir Schluchten vermuten, die uns zu verschlingen drohen, jene unbewältigten Pläne, Entwürfe, Erinnerungen und Wünsche. Wie Wunden, die schlecht verheilt und an der Oberfläche vernarbt sind, haben uns Risse und Einbrüche geprägt. Leichten Schrittes kommen wir nicht über sie hinweg, ohne daß wir uns selbst belügen.

Doch es fällt uns Menschen nicht schwer, uns selbst zu betrügen. Und darin ähneln wir eher den törichten und nicht den klugen Jungfrauen im Evangelium. Vielleicht würden wir nach reiflicher Überlegung und aus vernünftigem Grund wenig Öl mitnehmen, damit wir nicht die ganze Nacht durchwachen müssen. Auch die törichten Jungfrauen nahmen in Kauf, auf die Begegnung und die Nähe des Bräutigams zu verzichten, und sparten sich so die Mühe des Wartens. Doch der Geliebte kam erst um Mitternacht. Und als der Hall seiner Schritte und der frohe Jubel der klugen Jungfrauen sein Kommen ankündigten, war es für die anderen zu spät. Sie erwachten und machten sich auf zu der Tür, die sie aus eigener Unvernunft verschlossen hatten.

Welch grausame Erfahrung, sich im Rückblick auf das eigene Leben eingestehen zu müssen: Ich habe die entscheidende Situation meines Lebens nicht erkannt und die vielen kleinen Chancen verpaßt, die der Geliebte mir bot. Ich habe sie versäumt, obwohl ich nachdachte und abwog, obwohl ich glaubte und liebte und obwohl ich mich von seinen Worten nähren wollte. »Ich weiß nicht, wer ihr seid«, sagt Jesus (vgl.

Mt 25, 12). Und wir wissen selbst keine Antwort auf die Frage nach unserem Dasein und stehen ratlos vor dem Rätsel unserer Vergangenheit und der Verworrenheit unserer Existenz.
Wir sind wie die Menschen in Platos Höhlengleichnis. Sie sehen immer nur verschiedene Schatten von Tieren und Menschen, die sich auf den Wänden der Höhle abbilden. Doch sie können sich nicht mehr an die Existenz einer Lichtquelle erinnern und an das wirkliche Sein der Lebewesen, deren Schatten sie faszinieren. Wie in einem Kerker erleben sie die Wirklichkeit als Einbildung und Traum, umgeben vom Dunkel der Höhle und mit innerer Blindheit geschlagen. Sie wissen nichts mehr vom wirklichen Lebensraum, vom eigenen Ursprung und ihrer eigenen Geschichte. Dabei hat Gott den Menschen zum Schauen und Verstehen berufen und gewollt, daß er lebe.
»Bleibt wach! Es ist wie mit einem Mann, der sein Haus verließ, um auf Reisen zu gehen: Er übertrug alle Verantwortung seinen Dienern, jedem eine bestimmte Aufgabe; dem Türhüter befahl er, wachsam zu sein« (Mk 13, 33 f). Doch wie lange sollen wir wachen, wie lange noch Ausschau halten? Wer erträgt die kalte Einsamkeit am Hoftor, wenn unsere Augen überanstrengt auch in der Ferne niemanden erkennen? Und die Unvernunft und die Torheit, auch dann noch wachen zu wollen, wenn das Haus schon längst zerfällt? Wachsam sein, meint dies, an der Grenze zu stehen und über jede Grenze hinaus sich der eigenen Begrenztheit, Trägheit und Müdigkeit bewußt zu werden und dennoch auszuharren? Wenn die Wände brechen und die Erinnerung verblaßt, wenn alle Gewißheit und jeder schützende Raum uns genommen wird, was hält uns, daß wir aushalten? Die Nacht ist lange, und der hat uns verlassen, den wir durch die Abgründe hindurch lieben.

Die Klosterruine Wörschweiler

In der Nähe von Homburg/Saar liegt auf einem einsamen Bergrücken das frühere Benediktinerpriorat Wörschweiler. Die ersten Mönche kamen aus dem benachbarten von St. Pirmin gegründeten Kloster Hornbach.
Zunächst entstand eine schlichte, dreischiffige, querhauslose Kirche, die im Jahre 1131 eingeweiht wurde. Vierzig Jahre später hielt die zisterziensische Reform Einzug. Die Abtei Weiler-Bettnach bei Metz entsandte Abt Gobert mit zwölf Mönchen nach Wörschweiler.
Nach einer Zeit der Blüte setzte im 15. Jahrhundert der Niedergang des Klosters ein. Man wurde nachlässig in geistlicher und wirtschaftlicher Hinsicht. Am 2. 11. 1558 endete schließlich das Klosterleben mit der Verhaftung der beiden letzten Mönche. Den todkranken Abt ließ man im Kloster zurück, wo er drei Wochen später starb.
(Foto: Erhard Braun)

In die Tiefe zur Quelle

Jesu Abschied mag wie ein Schatten über dem Mahl gelegen haben, das er mit seinen Jüngern im vertrauten Kreis hielt. Ihre Gemeinschaft war unmittelbar und ganz. Er hatte sie zusammengerufen, verband sie miteinander. Seine Worte trafen ins Herz, ergriffen und fesselten.
Wie die Liebe einerseits verbindet, so muß sie andererseits zu gegebener Zeit den Geliebten auch loslassen können. In dieser Haltung begegnet Jesus den Menschen und macht sie frei. Er ist immer beides in einem: Begegnung und Trennung. Er lädt zur Nachfolge ein, konfrontiert aber den, der ihm nachfolgt, mit Abschied, Kreuz, Leid und Tod.
Beides, Verheißung und Verzweiflung, liegt ganz dicht in Jesu kargen Worten über Brot und Wein: Brot und Wein, sagt er, das bin ich für euch, die Bindung, die ewig bleibt, das unzertrennliche Band; in Brot und Wein werde ich für euch hingegeben, weggegossen, zerrieben und zerstoßen, damit ich um so radikaler mit euch verbunden bleibe. Mich wird man brechen, auf daß ihr zusammenhaltet.
Viele Mystiker hat dieses Paradox der intimen Vereinigung und der letzten Leere in der Begegnung von Mensch und Gott herausgefordert. Meister Eckhart beschreibt den Einstieg zu Gott als einen Weg mit sechs Stufen: »Die dritte Stufe ist es, wenn der Mensch ... in Liebe *so* mit Gott verbunden (ist) in eifriger Beflissenheit, bis *der* ihn setzt und führt in Freude und in Süßigkeit, wo ihm alles das zuwider ist, was ihm (= Gott) ungleich und fremd ist.«[1] Wo Gott das Zentrum meines Lebens geworden ist und alles andere drumherum abfällt, alles unwichtig und nichtig wird, ergreift Gott selbst die Initiative. Er spricht mich an, er redet mir zu, nimmt mich an die Hand und reißt alles von mir, was fremd ist und nicht aus ihm stammt. Das scheint der Höhepunkt der Gottesvereinigung zu sein, der Austausch mit ihm.

Aber es ist erst der Anfang, die vorläufige Begegnung mit Gott, die Bindung, die erst noch im Feuer der Auseinandersetzung mit Gott reifen muß. Deshalb fährt Meister Eckhart fort: »Die vierte Stufe ist es, wenn er (= der Mensch) mehr und mehr zunimmt und verwurzelt wird in der Liebe und in Gott, so daß er bereit ist, auf sich zu nehmen alle Anfechtung, Versuchung, Widerwärtigkeit und Leid-Erduldung willig und gern, begierig und freudig.« Die Stufen der Vereinigung führen nicht empor auf einen Turm, wo es licht und klar wird, sondern stets abwärts ins Dunkel. Eckhart spricht vom Brunnen, der von außen mit Erde zugeschüttet wurde, »so daß man nichts von ihm erkennt oder gewahr wird«.

Auf dem Weg zu Gott stehen wir Menschen vor den Rissen unserer Geschichte und wünschten uns doch eine harmonische Welt, die dem Traum der Propheten entspricht: eine Welt ohne Feindschaft und Krieg, eine Welt von Wegen, die geebnet sind. Meister Eckhart lehrt es uns anders: Erst wenn wir die glatte Oberfläche abtragen, wenn wir Schicht um Schicht den Schutt wegschaffen, wenn wir alles Äußere abscheiden, kommen wir der Quelle näher. Auf dem Grund des Brunnens, das ist Eckharts Gewißheit, wird uns die Quelle lebendigen Wassers aus sich heraus entgegensprudeln. Der Abstieg verwandelt das Trockene in uns, er öffnet die Quelle.

Vielleicht gehört deshalb der Brunnen zur Mitte eines Klosters, während Türme in zisterziensischen Klöstern verboten waren. Im Innern des Kreuzganges erhebt sich das Brunnenhaus, das Herzstück der Gesamtanlage, »damit etwas darin sei, dem man sich nähern und von dem man sich entfernen kann ... Denn sonst ist man nirgendwo mehr«[2].

Auch wenn Klöster aussterben, die Begegnung mit dem Unerschöpflichen in Stein erstarrt und der Klang suchender Schritte in den leeren Gängen verebbt ist – Brunnen bleiben, ändern nicht ihren Ort, zeigen den Punkt, von dem aus man das Lot fallen lassen muß. Sie warten, bis einer kommt, der nach ihrem verborgenen Schatz gräbt – und geben ihn bereitwillig.

[1] Meister Eckhart, Traktat »Vom edlen Menschen«, in: ders., Die deutschen und lateinischen Werke. Die deutschen Werke, Bd. 5, hg. v. J. Quint, Stuttgart 1963, 500 (dort auch die folgenden Zitate).

[2] Antoine de Saint-Exupéry, Die Stadt in der Wüste, Ulm 1982, 22.

VALMAGNE (FRANKREICH), KREUZGANG UND BRUNNENHAUS DES EHEMALIGEN ZISTERZIENSERKLOSTERS

Etwa 30 Kilometer südwestlich von Montpellier liegt die ehemalige Zisterzienserabtei Valmagne inmitten von Weinbergen. 1138 von Raymond Travancel gegründet, schloß sich die Gemeinschaft im Jahr 1155 der Reformbewegung von Cîteaux an. Kloster und Kirche (neuerbaut kurz nach 1357) sind fast vollkommen erhalten. Als große Ausnahme unter Zisterzienserbauten besitzt die Kirche zwei Türme an der Vorhalle. Die romanischen Säulen des Brunnenhauses bildeten einst den Kreuzgang des Klosters.

(Foto: Christl Blum)

...Wenn du nicht hinabsteigst

Du kannst nicht emporsteigen, wenn du nicht hinabsteigst«, sagt Bernhard von Clairvaux.[1] Hinabsteigen: Damit meint Bernhard, seine Zuhörer sollten sich bewußt vom hellen Glanz des äußeren Scheins lösen, sich von ihrer Ichsucht trennen, dem Bestreben, immer mehr erreichen, erwirtschaften und besitzen zu müssen. Sie sollten sich also von der Ursünde befreien lassen, wie Gott werden zu wollen.
Gott hat den Menschen erschaffen als sein Abbild, ihm ähnlich, aber nicht ihm gleich. Er will, daß der Mensch mehr und mehr er selber wird, nicht Unmensch und nicht Übermensch. Deshalb wenden sich die Schriften des Alten und Neuen Testaments gegen Menschen, die sich in ihren Möglichkeiten überschätzen oder in ihren Forderungen überheblich werden. »Du Narr«, nennt Jesus jeden Reichen, der seine Wünsche und Sehnsüchte durch das Anhäufen von immer mehr Besitz erfüllen will (vgl. Lk 12,20). Als Verbrechen an uns selbst entlarvt er unser Streben, ständig höher hinaus kommen zu wollen.
Einen Eindruck von menschlicher Hybris und ihrer Demütigung durch die Geschichte vermitteln viele der ehemals mächtigen Kirchen und Klosteranlagen, die heute ausgestorben und verlassen sind. Beim Betreten dieser versunkenen Orte wird einem Aufstieg und Niedergang bewußt. Nur noch Reste der Erinnerung bleiben von den Werken der Baumeister und Künstler. Diese Reste sprechen vom Leben, das sie einst bargen, und von der Gewalt, die diesem angetan wurde. Sie sprechen von den täglichen Mühen, mit welchen die Menschen sich dort Gottes Gegenwart öffnen wollten. Doch der Pulsschlag des Lebens ist Vergangenheit. Wo einst Gott in Arbeit und Gebet gepriesen wurde, lagern heute riesige Weinfässer, strömen Schulklassen lärmend hindurch, klatschen Touristen Beifall, wenn Führer Anekdoten aus dem

Leben der Nonnen und Mönche zum besten geben. In Kirchen, von denen nur noch Außenmauern stehen, werden Lastwagen repariert, Chemikalien gelagert, grasen Schafherden. Wo der Zerfall noch größere Ausmaße angenommen hat, bestellen Bauern wieder den Boden, der Grundmauern überdeckt, von deren Existenz kaum einer mehr weiß. Die Ironie der Geschichte wollte es, daß heute die mächtigen Gebäudetrakte an Bernhards ehemaliger Wirkstätte dem französischen Staat als Zuchthaus dienen. Für den Betrachter klingen Bernhards Worte wie ein Urteil über seine Nachfolger, die aus dem von seinem strengen Geist beherrschten Kloster einen barocken Palast fürstbischöflicher Art entstehen ließen: »Nach festem, ewigem Gesetz«, hatte Bernhard dort gesagt, »wird jeder erniedrigt, der sich selbst erhöht, und wer sich selbst erniedrigt, wird erhöht.«[1] Denn den Menschen »glückt der Aufstieg leicht, der Abstieg schwer. Sie sind ja immer empfänglich für Ehren und hohe kirchliche Würden, die selbst Engel nur mit Zittern auf ihre Schultern nehmen möchten«.

»Es trauern die Wege nach Zion, denn niemand kommt zum Fest«, heißt es im Buch der Klagelieder (1, 4). Einst gefüllte Kirchenräume wirken heute wie leergefegte Scheunen, ihre Wände wurden von Wind und Wetter zernagt. Sie sind nur noch vom Himmel überdacht. Stufen, auf denen man nach oben steigen konnte, gibt es nicht mehr.

Menschliche Wege geraten an ein Ende. Doch Gott kommt dem Menschen in Jesus auf diesen Wegen entgegen. Er »hielt nicht daran fest, wie Gott zu sein, sondern entäußerte sich, nahm Knechtsgestalt an und wurde den Menschen gleich« (Phil 2, 6f). Gott kehrt sein Inneres nach außen, um seine Liebe bis in den Tod hinein zu leben.

Gott steigt herab. Bei ihm gehen Niedergang und Untergang dem Leben voraus, nicht umgekehrt. Darin liegt seine Umkehr der Weltsicht. Und wer sich mit ihm tief genug neigt, wer sich beugen läßt und ihn bei den Gebeugten sucht, wer schweigend den letzten Dienst tut, findet ein Lebenszeichen jenseits des Todes. Bernhard nannte deshalb die Fußwaschung das »eigentliche, sichtbare« Zeichen der Liebe und der Vergebung im Alltag.[2] Sie ist das Sakrament des täglichen Lebens.

[1] Bernhard von Clairvaux, Ansprachen auf die kirchlichen Zeiten (Die Schriften des honigfließenden Lehrers Bernhard von Clairvaux, 2), Wittlich 1935, 238 (dort auch die folgenden Zitate). [2] Ebd. 185.

CHAPELLE

Les Baux, Kapelle Saint Blaise

Im Herzen der Provence findet sich auf den Hügeln der Alpilles ein kleines Dorf, dessen oberer Teil völlig in Ruinen liegt. Les Baux leitete seine Abkunft von Balthasar ab, einem der Heiligen Drei Könige. Es war im 13. Jahrhundert einer der beliebtesten Liebeshöfe gewesen. 1632 wurde die Burg von Ludwig XIII. geschleift, nachdem Les Baux ein bedeutender Zufluchtsort der Protestanten geworden war. Die Kapelle Saint Blaise ist ein schlichter Rechteckbau am Eingang der Oberstadt.
(Foto: Christl Blum)

Nackt zum nackten Kreuz

Die Frage bleibt: Wie können wir uns Gott so nähern oder ihn ertasten, daß er uns packt und nicht mehr losläßt? Das zeigt uns jene Frau, die an Jesus von hinten zögernd und ängstlich herantrat. Sie wußte um ihren schlechten Ruf, um ihr ruiniertes Leben. »Dabei weinte sie, und ihre Tränen fielen auf Jesu Füße. Sie trocknete seine Füße mit ihrem Haar, küßte sie und salbte sie mit Öl« (Lk 7,38). Sie gab ihr Letztes, ihren Schmerz. »Sie hat viel geliebt«, sagte Jesus über sie (Lk 7,47). Er urteilte nicht, sondern nahm sie an, ihre Tränen, das Öl.

Gott hat ein bedingungsloses Verlangen nach uns. Die tot sind und in denen die Schwingungen seiner Liebe keine Resonanz mehr finden, will er so lange anrühren und erschüttern, bis sich die Schwingungen neu auf sie übertragen. Nicht nüchterne Distanz der Vernunft, der Erkenntnis und Einsicht bringt einen Widerhall seiner Liebe, sondern der Rhythmus des Herzens, das sich nach restloser Erfüllung sehnt.

In seiner Auslegung des Hohenliedes spricht Bernhard von Clairvaux von der »spirituellen Hochzeit«, in der »eine Seele, indem sie alles verläßt, sich einzig an das WORT hängt, für das WORT lebt, sich dem WORT gemäß verhält und vom WORT eine Frucht empfängt, die sie dem WORT gebiert«[1]. Dazu ist der Mensch fähig, der alles vom WORT, von Gott, erwartet, weil er sich seiner eigenen Situation der Schwäche bewußt ist.

Menschen, die sich für andere entblößt haben und ausgenutzt wurden, besitzen oft ein feines Gespür für die Verletzlichkeit und Empfindsamkeit anderer. Deshalb ist die Frucht, die die Seele dem Wort gebiert, die Aufgeschlossenheit für die Not des Nächsten. Größer aber noch als diese Frucht der Liebe ist für Bernhard die gegenseitige Liebe der beiden Partner. »Ohne Zweifel findet eine Mutter große Freude in ihren Kindern, aber die Freude der Liebkosungen des Bräutigams für die

Braut ist noch um vieles größer.«[2] Wie sehen die Liebkosungen, die Liebesspiele von Gott und Mensch aus, fragt Bernhard. Doch er winkt ab: »Fragt lieber jemanden, der diese Erfahrung gemacht hat.«
Nach Jahren geistlicher Mühe und einem harten mönchischen Leben brach Bernhard die Auslegung des Hohenliedes bei diesen Versen ab: »Des Nachts auf meinem Lager suchte ich ihn, den meine Seele liebt. Ich suchte ihn und fand ihn nicht. Aufstehen will ich, die Stadt durchstreifen, die Gassen und Plätze, ihn suchen, den meine Seele liebt. Ich suchte ihn und fand ihn nicht« (Hld 3,1–3). Enttäuschte Hoffnung spricht aus dem Text. Sind all die menschlichen Versuche vergeblich und der Mensch am Ende einsam und trostlos?
Isaak von Stella, ein Zisterziensermönch des 12. Jahrhunderts, geht in seiner Theologie weiter als Bernhard. Im nächsten Vers des Hohenliedes heißt es: »Mich fanden die Wächter bei ihrer Runde durch die Stadt. Habt ihr ihn gesehen, den meine Seele liebt? Kaum war ich an ihnen vorüber, fand ich ihn, den meine Seele liebt. Ich packte ihn und ließ ihn nicht mehr los« (Hld 3,4). »Hängen wir uns an ihn«, schreibt Isaak, »und lassen ihn nicht los, befragen wir ihn über ihn selbst unablässig und ohne Rücksicht. Er leidet, damit ihm Gewalt angetan wird. Er will besiegt werden, denn erst besiegt, segnet er, und weil er will, daß er absolut festgehalten wird, bittet er, ihn loszulassen.«[3]
Was ist das Letzte und Äußerste, das wir Menschen lassen können? Das Äußerste ist Gott selbst, und das Letzte ist der immer noch egoistische Wunsch, in Gott einen unverrückbaren Halt zu besitzen. Der Mensch wird nach Isaak Gott erst besitzen, wenn er bereit ist, ihn um seiner selbst willen loszulassen. Diese Freigabe Gottes ist der letzte Verzicht auf eigene Sicherheit, so daß wir mit leeren Händen dastehen. »Die ganze Menschheit (haben wir) über Bord geworfen«; wir haben uns hingegeben, damit »wir als Nackte und Gestrandete das nackte Kreuz des nackten Christus umarmen können.«[4] Da ist kein Halt, kein Schmuck, kein Erfolg, nur nackte und gebrannte Wand, Nebel, Tod und eine Frage voller Ungewißheit: »Bist du es, Herr, mein Gott, den ich in allem gesucht und jenseits von allem gefunden habe?«[5]

[1] Saint Bernard, Œuvres mystiques, Paris 1953, 871.
[2] Ebd. 872 (dort auch das folgende Zitat).
[3] Isaac de L'Etoile, Sermons II (SC 207), Paris 1974, 58.
[4] Ebd. 8.
[5] Ebd. 52.

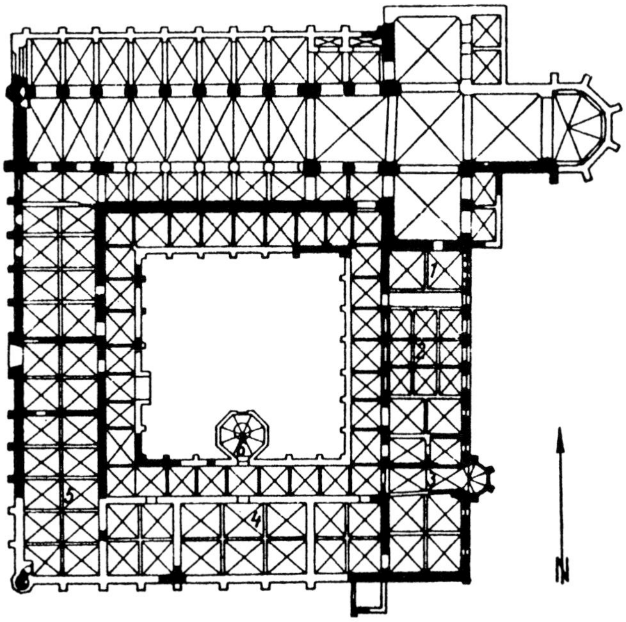

(Aus: Günter Binding/Mathias Untermann, Kleine Kunstgeschichte der mittelalterlichen Ordensbaukunst in Deutschland, Darmstadt: Wissenschaftliche Buchgesellschaft 1985, 206).

ELDENA (DDR), EHEMALIGES ZISTERZIENSERKLOSTER

1172 wurde von Esrom, einer benediktinischen Abtei, die 1153/54 von Clairvaux aus bevölkert wurde, das Zisterzienserkloster Dargun in Mecklenburg gegründet. Bald hatte man die Mönche jedoch von dort vertrieben, weshalb sie sich 1199 zu einer Neugründung in Eldena niederließen. Nach einer Blüte zur Zeit der deutschen Kolonisation wurde Eldena 1535 aufgehoben und säkularisiert. 1637 steckten die Schweden das Kloster in Brand. Nur Reste der Kirche blieben erhalten.
(Foto: Volkmar Herre)

Ich gebe dir ein Fundament

Hoffnungslosigkeit und Ratlosigkeit herrschten unter den Israeliten, die im 6. Jahrhundert vor Christus ins babylonische Exil verschleppt wurden. Hinter ihnen lag die zerstörte Stadt, der Torso Jerusalem, der von roher Gewalt und militärischer Macht durchpflügt worden war. Wo war der Glanz dieser Stadt, der ihr in so vielen Prophezeiungen verheißen worden ist? Zion, die Burgstadt des Herrn, der Berg, den Gott selbst erwählt hat, weil »er ihn liebt« (Ps 78,68)? Was galt noch die Verheißung, nach der alle Völker am Ende der Tage zum »Berg mit dem Haus des Herrn« strömen werden (Jes 2,2)? In Jerusalem bündeln sich die Erfahrungen mit Gott zum Paradox. Menschen haben dort Gottes Nähe und Ferne erlebt.

Es war kein Zufall, daß Jesus nach Jerusalem zu den alljährlich stattfindenden Paschafestlichkeiten ging. Er muß geahnt haben, was ihn in der Stadt erwartete. Seine Jünger wollten das Drohende nicht akzeptieren. Wie für viele Juden verband sich für sie mit Jerusalem die Hoffnung und der Glaube an den Gott, der mit Macht eingreift, dem Elend der Unterdrückung ein Ende setzt und die Reichen von ihren Thronen fegt. Sie glaubten an Gott, der einen Messias einsetzt, unter dem die Waffen verschrottet werden und weder Kinder noch Erwachsene Krieg oder Verteidigung lernen müssen. Zum Bau eines neuen Jerusalem waren sie mit Jesus aufgebrochen, gemäß der Botschaft des Alten Testaments: »So spricht Gott, der Herr: Seht her, ich lege einen Grundstein in Zion, einen harten und kostbaren Eckstein, ein Fundament, das sicher und fest ist« (Jes 28,16). »Ich gebe dir ein Fundament aus Malachit und Grundmauern aus Saphir. Aus Rubinen mache ich deine Zinnen, aus Beryll deine Tore und alle deine Mauern aus kostbaren Steinen. All deine Söhne werden Jünger des Herrn sein« (Jes 54,11–13).

Die Sache kam anders. Jesu Jünger mußten erleben, daß nicht einmal die Einwohner Jerusalems ihren Herrn erkannten. Sie mußten zusehen, wie ihm von denen der Prozeß gemacht wurde, die sich für gläubig hielten. Es war der Glaube an den Mächtigen, den Allmächtigen, der viele Juden hinderte, irgendeinem Zimmermannssohn aus Nazareth zu glauben, der vom Reich Gottes redete, sich um Kranke und Randexistenzen kümmerte und sich verklagen ließ, weil seine Gegner sein Leben nicht mit dem Gesetz der Väter in Einklang bringen konnten. Für sie war Gott die »Felsenburg« (2 Sam 22,2), der »schützende Fels, die feste Burg« (Ps 31,3f); er hatte ihnen ein Gesetz gegeben, und diese eherne Ordnung sollte den Menschen Sicherheit verleihen. Klar gegliedert, mit Toren versehen, die nur unter bestimmten Voraussetzungen Einlaß gewährten, war das Gesetz für die Juden ein Raum, in dem sich Menschen bewegen durften. Wer dies in Frage stellte, lästerte Gott.

Jesus hatte mit diesem Widerspruch zu kämpfen. Er litt an ihm, wie jeder daran leidet, der Zeuge für Gott sein will, aber gerade an den Bildern zweifelt, die sich die Menschen von ihm gemacht haben. »Meister«, sagte ein Jünger beim Anblick von Jerusalem und staunte vor den Prachtmauern des Tempels auf Zion, »schau, was für Steine!« Jesus antwortete ihm schroff und bitter: »Kein Stein wird auf dem andern bleiben, alles wird niedergerissen« (Mk 13,1f). Und Jesus weinte, als er die Stadt sah (vgl. Lk 19,41).

Jesus sah hinter die Fassaden der Mauern. Er durchschaute die vor Macht, Selbstsicherheit und Abgeschlossenheit strotzende Stärke der Festung Jerusalem. Er wußte, daß Erfolg und Pracht keine Prädikate Gottes sind. Seither gilt trotz aller Widersprüchlichkeit: Wer Gott in Gold und Fels verehrt, wird ihn nur schwer von dem Götzen unterscheiden, der sich als »Gott der Festungen« tarnt. Die Probe, wen wir verehren, ist uns leicht gemacht. Der Götze fordert »Gold und Silber, Edelsteine und Kostbarkeiten« (Dan 11,38). Jesus fordert keine Burgen, keine Schlösser, Tempel, Kathedralen und Museen, sondern er will einzig, daß wir einander lieben, wie er uns geliebt hat (vgl. Joh 15,12). Er hat uns das Fundament seiner Liebe gegeben, auch wenn ihn diese Liebe alles gekostet hat, alles, was er hatte, alles, was er war, sein eigenes Leben.

LANLEFF (BRETAGNE)

Der kleine Rundbau wurde lange Zeit als römischer Tempel angesehen und trägt seither den Namen »Tempel von Lanleff«. Tatsächlich dürfte es die Ruine einer Kirche oder eines Baptisteriums sein. Errichtet wurde der Bau Ende des 10./Anfang des 11. Jahrhunderts nach dem Plan des Heiligen Grabes von Jerusalem.
(Foto: Zodiaque)

Was weiß der, der nicht gelitten hat?

Kreuzgänge sind Wege ohne Anfang und Ende, Wege, auf denen man Schritt für Schritt tiefer in die Ewigkeit und ins Gebet geführt wird. Wem dieser Weg unendlich erscheint und schwer wird, erfährt den Kreuzgang als Kreuzweg: Je weiter er voranschreitet, desto intensiver spürt er, wie die Last ihn drückt und er den Boden unter den Füßen verliert.

»Und wenn sie mich nur noch fragen sollten, bevor ich jetzt gehe und endgültig gehe, ob ich nicht einen Zauberschlüssel kenne, der einem das letzte Tor zur Weisheit des Lebens erschließen könne, dann würde ich ihnen antworten: ›Jawohl.‹ – Und zwar ist dieser Zauberschlüssel nicht die Reflexion, wie Sie es von einem Philosophen vielleicht erwarten möchten, sondern das Gebet. Das Gebet, als letzte Hingabe gefaßt, macht still, macht kindlich, macht objektiv. Ein Mensch wächst für mich in dem Maße immer tiefer hinein in den Raum der Humanität (– nicht des Humanismus –), wie er zu beten imstande ist, wofern nur das rechte Beten gemeint ist. Gebet kennzeichnet alle letzte ›Humilitas‹ des Geistes. Die großen Dinge des Daseins werden nur den betenden Geistern geschenkt. Beten lernen aber kann man am besten im Leiden.«[1] Diese Zeilen des Philosophen Peter Wust sind mit Blut geschrieben, mit dem Blut seiner Stummheit, mit der ihn seine Krebskrankheit geschlagen hatte, mit dem Blut seines Glaubens, dessen Tragfähigkeit ihm fragwürdig geworden war und dessen Grenzen er überschreiten mußte. Da zählte nur noch der, dem dies Stammeln entgegenklang als Antwort auf seine Ur-worte: Es werde! Und es ward.

Gebet ist Gabe, die letzte Hingabe auf dem Weg zu dem, von dem wir genommen wurden. Nicht aus den Füßen wurden wir genommen, sagt Meister Eckhart, nicht aus dem Kopf; wir stehen nicht unter Gott und

nicht über ihm; wir sind aus seiner Seite geboren, ihm gleich als Sohn unter Söhnen, als Söhne im Sohn. So werden wir kein anderes Ziel finden als die Seite des Sohnes, die von einer Lanze geöffnet wurde.
Im Leiden werden wir Gott nicht nur ähnlich, sondern gleich. Wie Gott sich in unser Leben hineinverwandelt hatte, um sich hinzugeben zum Zeichen des neuen Bundes, können auch wir uns in sein Los hineingeben, hinein in die große Wandlung, von der Paulus spricht und die er eine Unterwerfung nennt. Wenn Christus alles unterworfen ist, unterwirft auch er sich Gott. Nicht weil wir untertänig sein müssen, unterwerfen wir uns ihm, sondern um eins zu werden, eins mit dem Sohn und eins mit Gott selbst. Denn Gott herrscht nicht von oben herab. Er will kein anderer sein als der Dienende, der mit uns leidet, uns umarmt und liebt. Doch dazu gehört seine Teilhabe an unserer Schwäche und auch, daß er uns Anteil an seiner Verwundung gibt. Gott geht uns im Kreuz voraus, nicht damit wir ihm staunend nachsehen, sondern entschlossen, wenn auch zitternd, nachfolgen. »Gott liebt nicht weichlich und sentimental wie die Welt. Wen er liebt, den verbrennt er in seiner Liebe zu Staub und Asche«, schreibt Peter Wust.
Schweigendes Gebet ist der Atem dieser heißen Liebe. Der Atem zwischen zweien, die sich küssen, mischt sich. Die Leidenschaft verschmelzt beide miteinander. Und leidenschaftlich ist Gottes Liebe. Sie will, daß wir hineinhorchen in das Geheimnis, bis Gott zu reden beginnt, der Andere, der doch kein Anderer ist. Darum verhallt Gottes Sprache nicht zwischen den Gängen. Denn seine Sprache ist anders als unsere. Sein Reden ist schöpferisch. Er ist da, auch in der Stille: Denn Gott »ist es so not, dir zu geben, daß er es nicht erwarten kann, sich *selbst* dir als Erstes zu geben. Gott ist in seiner Liebe zu uns so vertört, recht als habe er Himmelreich und Erdreich und alle seine Seligkeit und alle seine Gottheit vergessen und habe mit nichts zu tun als einzig mit mir, auf daß er mir alles gebe, was mich zu trösten vermöge.«[2]
Was also weiß der, der nicht gelitten hat? Wenn wir leiden, sind wir auf dem Weg der Leidenschaft Gottes; auf dem Weg, auf dem Gott mit uns geht, mit uns leidet und mit uns liebt.

[1] Peter Wust, Gestalten und Gedanken, München [4]1950, 266f.
[2] Meister Eckehart, Deutsche Predigten und Traktate, hg. v. J. Quint, München 1979, 350.

Soria (Spanien), Kreuzgang

Soria, die Hauptstadt der gleichnamigen Provinz, zwischen Zaragoza und Madrid gelegen, ist auf zwei Hügeln am Rio Duero in einer rot getönten Landschaft erbaut. Vom Konvent »San Juan de Duero« sind nur noch Ruinen erhalten, die romanische Kirche (12. Jahrhundert) und Kapellen (13. Jahrhundert). Bemerkenswert ist der rechteckige Kreuzgang, der Romanik mit mudéjaren und arabisch-sizilianischen Einflüssen verbindet.
(Foto: Zodiaque)

Wie viele Tränen?

Die biblischen Visionen vom Ende der Welt zeichnen ein kosmisches Drama. Ihren Beschreibungen nach bleibt kein Stein auf dem anderen. Menschen laufen ziellos umher, und die, die sie führen sollen, gehen geradewegs in die Irre. Blinde leiten Blinde, Wellen des Krieges überfluten die Länder der Erde. Völker streiten gegeneinander, es gibt Erdbeben und Hungersnöte, und wer das Evangelium verkündet, erleidet Verhör, Gericht, Folter und Tod. Der Zwist reicht bis tief in die Familien hinein. So schildert es Markus im 13. Kapitel seines Evangeliums. Doch all dies ist nicht das Ende, wie er sagt, sondern erst der Beginn, weil das Ende grausamer sein wird als der Anfang.

Gott hat in seiner Schöpfung die zerstörerischen Kräfte nicht aus dem Kosmos gebannt; er hat, wie die Bibel sagt, lediglich das Chaos geordnet und es gezähmt. Aus der Geschichte sollte Heilsgeschichte werden. Dem Widerstrebenden in ihr gab Gott einen Rahmen und ein Ziel. Der Tod sollte nicht Ende, sondern Durchgang, der Schmerz nicht Gottferne, sondern Ringen um Gottes Segen sein, kein Zusammenbruch ein solcher Abgrund, daß Gott nicht wieder neues Leben darauf bauen könnte.

Doch die Geschichte bleibt Drama, Kampf gegensätzlicher Kräfte des Lebens, die schaffen, indem sie zerstören; die leben, weil anderes stirbt. Ohne daß wir begreifen, stehen wir oft fragend und zweifelnd vor dem undurchdringlichen Dickicht der Verstrickungen unseres Schicksals, betroffen von der eigenen Schuld. Und ohne den Plan durchschauen und die Erschütterungen und Beben deuten zu können, leben wir ängstlich inmitten unserer brüchigen Gebäude, denn wir wissen, daß mit unserer Geburt und dem ersten Tag unseres Lebens das Ende schon begonnen hat.

Das Drama kam durch den Menschen, erzählt die Schrift. Das Ende nennt sie eine Tragödie, eine »Not, wie es noch nie eine gegeben hat, seit Gott die Welt erschuf, und wie es auch keine mehr geben wird« (Mk 13, 19). Und sie kommt beizeiten (Mk 13, 20). In die Zeit bricht das Ende ein. Aber im Ende weitet sich die Zeit zum kosmischen Christus: zum Alpha und Omega. Er ist der Erste und Letzte, der Anfang und das Ende (Offb 22, 13). Dieser Christus ist in uns, und wir sind in ihm. Auch wenn wir uns gegen ihn auflehnen, kämpfen und untergehen, leben wir in ihm und können nur deshalb der Not und der Bedrängnis ins Auge sehen.

Ob uns diese Lebensaussicht überfordert? Wir greifen lieber nach unserem Besitz und hoffen, daß irgend etwas von dem überdauern wird, was wir geschaffen haben, daß etwas von uns bleibt. Und wenn nur ein Steinhaufen bliebe, ein paar Überreste der Mauern, die wir errichtet haben, etwas, das trägt und in den Himmel weist, wenn wir nicht mehr sind.

Doch die apokalyptischen Bilder zeigen unerbittlich: Der Himmel enttäuscht, er trägt nicht, sondern verschlingt. Die Erde überwuchert alles, und die Natur nimmt sich, was sie hergeben mußte. Was ihr aufgesetzt wurde, zerbröckelt; jeder Abdruck und jede Erinnerung in ihr verlöschen. »Wo so viel Denkmale untergehen«, schreibt Reinhold Schneider, »da ist der Geist getroffen, der sie hervorgebracht oder verwaltet hat... Die Formen ... werden von der Geschichte heraufgebracht und von ihr verzehrt«[1]. Mit dem Äußeren schwindet der Geist, verflüchtigt sich das Gebet, das einst aus Steinen Kirchen schuf, und verstummt der Atem, der aus Mauern Heimat werden ließ.

Wie können wir leben im Angesicht des Todes? Nach einer kastilischen Legende sind die Steine, die vor der Stadt Avila wie ein Trümmerfeld daliegen, die Tränen des Herrn. »Der Herr untersagt uns nicht jegliche Traurigkeit«, sagt Bernhard von Clairvaux[2] und zitiert Kohelet: »Das Herz der Weisen weilt im Trauerhaus« (Koh 7, 4). Wir dürfen weinen und trauern und uns an Jesu Seite den Trümmern unseres Lebens aussetzen und in der Trauer standhalten bis zum Ende, weil darin Rettung liegt (vgl. Mk 13, 13).

[1] Reinhold Schneider, Gedanken des Friedens, Freiburg 1946, 147.
[2] Bernhard von Clairvaux, Ansprachen (Anm. 4), 20.

COIROUX (FRANKREICH), RUINE DES ZISTERZIENSERINNENKLOSTERS

Coiroux liegt in einer wilden Schlucht, nahe bei Obazine im Départment Corrèze. Wie an anderen Orten auch gründeten zisterziensische Mönche nicht nur eine Männerabtei (Obazine, eingeweiht Ostern 1142), sondern in unmittelbarer Nachbarschaft zugleich auch eine Abtei für Frauen, die sie unterstützten.
Die Kirche der Frauenabtei in Ruinen ist heute das einzige, was von den Gebäuden der Nonnen erhalten ist, während die Zisterzienserabtei in Obazine zum Teil gut erhalten blieb. Die Kirche in Coiroux mit ihren hohen Fenstern (13. Jahrhundert) war ein einschiffiger Raum mit viereckiger Apsis.
(Foto: Christl Blum)

Zu neuen Ufern

Tötet euch mit Dämpfen und mit Messern, / schleudert Schrecken, hohe Heimatworte, / werft dahin um Erde euer Leben! / Die Geliebte ist euch nicht gegeben. / Alle Lande werden zu Gewässern, / unterm Fuß zerrinnen euch die Orte. // Mögen Städte aufwärts sich gestalten, / Niniveh, ein Gottestrotz von Steinen! / Ach, es ist ein Fluch in unserm Wallen... / Flüchtig muß vor uns das Feste fallen, // Was wir halten, ist nicht mehr zu halten, / und am Ende bleibt uns nichts als Weinen. // ... // Mütter leben, daß sie uns entschwinden. / Und das Haus ist, daß es uns zerfalle. / Selige Blicke, daß sie uns entfliehen. / Selbst der Schlag des Herzens ist geliehen! / Fremde sind wir auf der Erde alle, / Und es stirbt, womit wir uns verbinden.«
Franz Werfel, von dem diese Zeilen stammen[1], durchlitt den Zweiten Weltkrieg im Exil. Das Grauen, das er beim Untergehen der Heimat empfand, erlebte er in der Fremde eines fernen Landes. Die menschliche Tobsucht, die neu über die Welt hereingebrochen war, wurde für ihn zum großen Fragezeichen seines Lebens. Wie viele seiner Zeitgenossen war er gezwungen zuzuschauen, wie fast alles niedergebombt wurde, was seine Generation und die Generationen seiner Vorfahren an Geistigem und Materiellem aufgebaut hatten.
Bitterkeit und Enttäuschung sprechen aus dem Gedicht, weil die vielerhoffte Antwort, die in Kellern und Kirchen, in Bunkern und in Kathedralen erfleht wurde, ausblieb. Wie viele waren an der Aussichtslosigkeit, den Stein der Weisen zu finden, verzweifelt? Wie viele hatten sich an den Glauben wie an eine feenhafte oder auch dämonische Macht in ihren Sorgen geklammert? Und wie groß war für sie die Enttäuschung, als sie feststellen mußten, daß trotz aller Gebete das Morden kein Ende nahm. Kann man es jemandem verdenken, wenn er an-

gesichts dessen seinen Glauben unter Wimmern und Fluchen mit seiner letzten Hoffnung über Bord wirft? »Am Ende bleibt uns nichts als Weinen.«

Wir sind nicht ins Wasser gestoßen, um auf stürmischer See Anker zu werfen oder unsere Fahrt zu stoppen, sondern um nach neuen, unbekannten Ufern Ausschau zu halten. Denn seit Adam sind wir Menschen wie Fremde auf der Erde, Feinde dieser Erde und einander Feinde. Dies hat sich bis heute in der Welt nicht geändert.

Dabei behaupten wir fast alle, Vernichtung und Krieg zu hassen, und sind davon überzeugt, daß die Menschheit von diesem Übel befreit werden muß. Die Staaten aber rüsten weiter zum Krieg und wetteifern in ihren Ideologien miteinander. Paradoxerweise tun sie es, wie ihre Politiker behaupten, um Frieden zu schaffen. Von der Ermordung des einen am Kreuz bis zur atomaren Abschreckung der Großmächte soll Gewalt die fehlende Vernunft des Menschen ersetzen. Als »Ultima ratio« gilt der Krieg. Dabei gab es noch keinen Krieg, der aus vernünftigem Grund geführt wurde oder der die Menschheit zur Vernunft gebracht hätte. Krieg schuf immer nur Elend und Vernichtung. Am Ende bleibt keine Einsicht, keine Hoffnung, weil alles »stirbt, womit wir uns verbinden«. Wer zeigt uns Menschen die Umrisse der unbekannten Ufer, an denen Gewalt und Krieg Fremdworte sind?

Angefangen mit Maria und dem Jüngerkreis lebten die ersten Christen ihre Antwort radikal. Sie stellten sich unter das Kreuz und ließen nur zwei Möglichkeiten gelten: Sie verweigerten sich der Gewalt und liebten bis in den eigenen Tod hinein, oder sie flohen vor Feind und Tod, um sich nicht dem Kaiser beugen zu müssen.

Die zweite Möglichkeit, die Flucht, ist uns heute genommen. In einer Welt, die einen einzigen großen Zusammenhang bildet, bleibt nur die Wahl: Will ich töten und sterben, oder bin ich zu sterben bereit, damit die Menschen leben?

Christus durchlitt seine Wahl. Er akzeptierte seinen Tod. Es war Gottes Alternative. Und sie bleibt die einzige Hoffnung zwischen Haß und Trennung, zwischen Bomben und Trümmern.

[1] Zitiert nach: Hans Vogel, Die Ruine in der Darstellung der abendländischen Kunst, Kassel 1948, 40f.

Köln, St. Kolumba

St. Kolumba, eine der Kirchen der Kölner Altstadt, wurde während des Zweiten Weltkrieges immer wieder Opfer der Zerstörung. 1942 brachen die gotischen Fenster, 1943 brannten die Dächer, und viele Menschen starben. Obwohl die Kirche während des Krieges siebenmal wieder hergerichtet wurde, stürzten Hochaltar und Chor am 28. 1. 1945 zusammen und am 2. 3. 1945 der schwergetroffene Kirchturm, das Gewölbe und die Pfeiler der Kirche. Inmitten des Trümmerberges ragte nur noch an einem Pfeiler die Figur einer spätgotischen Madonna empor. Sie wurde von den Kölnern fortan »Madonna in den Trümmern« genannt. Die Ruinen blieben bis heute im Herzen der Stadt als Mahnmal stehen, und inmitten dieses Trümmerfeldes errichtete man eine Kapelle, in der die »Madonna in den Trümmern« einen Platz erhielt.
(Foto: Ruth Lauterbach)

Ein Versteck im Gekreuzigten

Ich bin gekommen, um Feuer auf die Erde zu werfen. Wie froh wäre ich, es würde schon brennen! Ich muß mit einer Taufe getauft werden, und ich bin sehr bedrückt, solange sie noch nicht vollzogen ist. Meint ihr, ich sei gekommen, um Frieden auf die Erde zu bringen? Nein, ich sage euch, nicht Frieden, sondern Spaltung« (Lk 12, 49–51). In aller Klarheit deutet Jesus seinen Weg nach Jerusalem und seinen gewaltsamen Tod. Sein Tod wurde seine Taufe, und seine Taufe war sein Tod. Taufe, das hieß für ihn und seine Jünger Belastung und Untergang.

Was für die Endzeit prophezeit wurde an Bedrängungen, an Entzweiungen, erlitt Jesus am Kreuz. Für die ganze Welt begann die Todestaufe: »Der Vorhang im Tempel riß von oben bis unten entzwei. Die Erde bebte, und die Felsen spalteten sich« (Mt 27, 51). Unter dem Kreuz erfüllte sich die Weissagung des Simeon an Maria: »Dieser wird ein Zeichen sein, dem widersprochen wird. Dadurch sollen die Gedanken vieler Menschen offenbar werden. Dir selbst aber wird ein Schwert durch die Seite dringen« (Lk 2, 34 f).

Jesus war das Zeichen des Widerspruchs. Sein Leben paßt in keine menschliche Logik. Denn diese rechnet, als gäbe es keinen Tod für sie. Sie geht von sich aus und nimmt nicht das Leben als ganzes in den Blick.

Jesus paßt in kein »Federbett, sein Weg führte ihn über großes Leid. Der Knecht darf nicht erwarten, es besser zu haben als sein Meister«, sagt Thomas Morus.[1] Eine Taufe, die auch uns eintaucht in die Abgründe der Welt, wird uns dem gekreuzigten Herrn begegnen lassen, mit dem wir gemeinsam den Aufstieg wagen können. So führte Gott auch das Volk Israel mitten durch das Meer des Unterganges hindurch, und es mußte die Durststrecke der Wüste erleiden, bevor es das gelobte Land betreten konnte. Ein nichtkanonisches Wort Jesu drückt die Verbindung von Schmerz und Befreiung am schärfsten aus: »Wer mir nahe ist, ist dem Feuer nahe; wer mir fern ist, ist dem Reiche fern« (Ev Thom 82). Erst Unfriede, Unruhe und Ungewißheit, in die wir durch Jesus gelangen, führen zu Gottes Frieden.

Der Zisterzienser Guerric von Igny schreibt: »›Geh in den Felsen, o Mensch, verbirg dich in der Erdgrube‹ (Jes 2, 10), richte dir ein Versteck im Gekreuzigten ein. Er ist der Fels und er ist die Erde, denn er ist Gott und er ist Mensch. Er ist der gespaltene Fels und die aufgebrochene Erde, denn, so sagt er, ›sie haben meine Hände und meine Füße durchbohrt‹ (Ps 22, 17)... Ja, fliehe nicht nur *zu* ihm, sondern fliehe *in* ihn. Tritt in den Felsspalt ein, verbirg dich in der Erdgrube: schließe dich in seine durchbohrten Hände ein, in seine aufgerissene Seite. Dazu hat er ja seine Seite geöffnet, damit dir das Blut seiner Wunden Leben schenkt, damit dich die Wärme seines Leibes wieder belebt.«[2] Der Gekreuzigte ist das Versteck, in dem wir uns bergen können, wenn uns das Leben zu zerreißen droht. Er bildet die Klammer, wenn unser Streben nach Ausgeglichenheit und Harmonie und die Bruchstücke unseres Lebens sich unverbunden gegenüberstehen und uns die Entschlossenheit fehlt, in den schmalen Spalt einzutauchen, den Jesus geöffnet hat. Jesu Kreuz allein bildet die Brücke und schüttet Gräben zu.

Was in unseren Augen wie Tod und Zerstörung wirkt, ist im Licht seines Kreuzes Durchlaß, Raum und Neubeginn. Was für uns eingestürzt ist, ungeschützt und unbedeckt, ist für Gott eine Öffnung, durch die er um so williger und bereiter eintritt. Was für uns Licht ist, das stellt Gott in den Schatten, und was wir für unsere Schattenseiten halten, durchbricht und durchflutet er mit seinem Licht. Immer ist er die Mitte, auf die hin wir uns bewegen. Durch sein Kreuz, durch diesen Punkt in der Geschichte, hält er das Ganze zusammen. In ihm treffen sich alle Linien, ob krumme oder gerade. So läßt Gott Leben im Untergang entstehen und wachsen.

[1] Thomas Morus, Diktum.

[2] Guerric von Igny, 4. Predigt zum Palmsonntag n. 5; PL 185, 140 C–D; in der Übers. von B. Schellenberger, Ein Lied, das nur die Liebe lehrt, Freiburg [2]1984, 98 f.

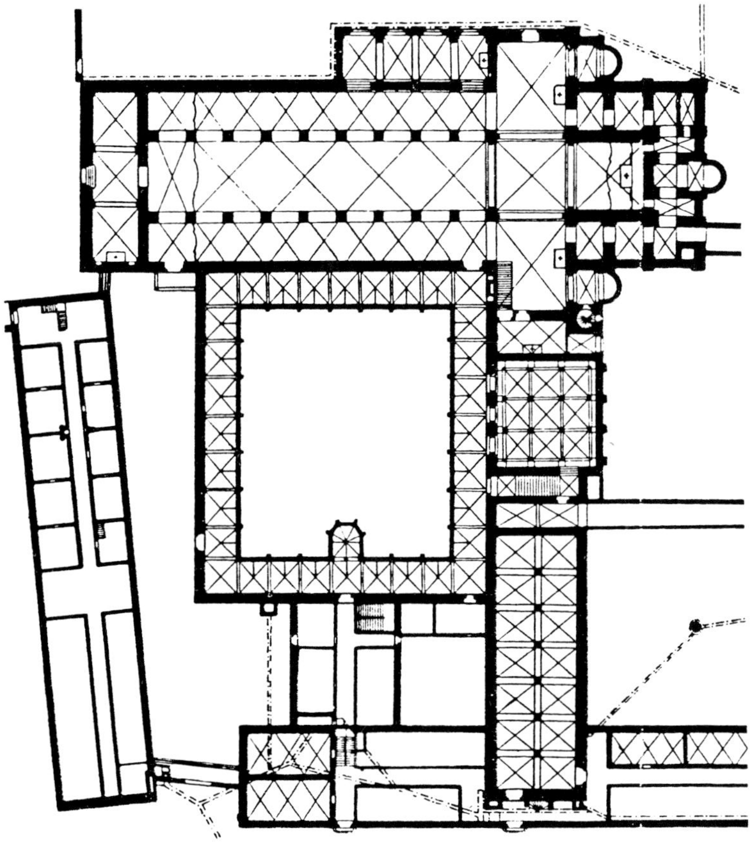

(Aus: Günter Binding/Mathias Untermann, Kleine Kunstgeschichte der mittelalterlichen Ordensbaukunst in Deutschland, Darmstadt: Wissenschaftliche Buchgesellschaft 1985, 196).

Arnsburg, ehemaliges Zisterzienserkloster

Wenige Kilometer von Gießen und Lich entfernt liegt abgeschieden die Ruine des Zisterzienserklosters Arnsburg. 1174 gestiftet, wurde es von 1197 ab von Eberbach aus besiedelt. Die kreuzförmige, dreischiffige Pfeilerbasilika mit plattem Chorschluß und bemerkenswerten Abkragungen ist in ihrem Ostteil von 1197 bis 1220, im Langhaus bis 1246 und in der Allerheiligenkapelle am nördlichen Seitenschiff bis 1394 erbaut worden. Das Kloster wurde im 30jährigen Krieg zerstört, aber in der ersten Hälfte des 18. Jahrhunderts wieder aufgebaut, wovon die noch erhaltenen Barockgebäude zeugen. Seit 1803 ist es aufgehoben und heute als Ruine erhalten.
(Foto: Christl Blum)

Es gibt keinen anderen Weg

Ein vornehmer Mann namens Theoprobus war auf Empfehlung Vater Benedikts ins Kloster eingetreten. Aufgrund seines verdienstvollen Lebens stand er in engster Beziehung zu ihm. Eines Tages trat er zu ihm in die Zelle und fand Benedikt, der bitter weinte. Lange stand er still und sah, daß der Tränenstrom nicht enden wollte und der Mann Gottes nicht betete, wie gewohnt, sondern klagte. So fragte er ihn, weshalb er so traurig sei. Da antwortete der Mann Gottes: ›Dieses Kloster, das ich gebaut habe, und alles, was ich nach Gottes Ratschluß für die Brüder eingerichtet habe, ist den Heiden ausgeliefert worden. Ich konnte kaum erreichen, daß mir von diesem Ort die Menschen gelassen wurden.‹ Theoprobus hatte damals gehört, was wir jetzt sehen, daß sein Kloster von den Langobarden zerstört werden sollte.«[1]
Benedikt erinnert uns an Ijob, seine Klage an jenes verzweifelte Ringen gegen den Verlust. Unter den Augen Gottes wurde dem Gottesfürchtigen alles genommen, alles, was er liebte, und alles, was er besaß. Selbst die Menschen seiner Nähe waren ihm fremd geworden.
»Voll von Freunden war mir die Welt, / Als noch mein Leben Licht war; / Nun, da der Nebel fällt, / Ist keiner mehr sichtbar. // Wahrlich, keiner ist weise, / Der nicht das Dunkel kennt, / Das unentrinnbar und leise / Von allem ihn trennt.«[2]
Weisheit und Einsamkeit, so sagt es Hermann Hesse in seinem Gedicht, gehen Hand in Hand. Um so tiefer bedeutet ein Leben in Gottes Weisheit für uns Menschen schonungslosen Verlust. Gott kennt uns durch und durch. Zuviel Verliebtheit in Macht und Ansehen, zuviel Selbstsicherheit, zuviel Rechtfertigung und zuviel Oberflächlichkeit verhindern, daß wir uns offen und ehrlich Gott stellen. Denn er kennt uns. Ihm ist nicht nur die Größe, sondern mehr noch die Armseligkeit

eigen. In Tränen, Klage und Trauer läßt er das denjenigen ahnen, der sich tieferer Einsicht und innerer Weisheit nicht verschließt. Aber wie bei Hermann Hesse und Benedikt macht dieser Reifeprozeß einen Menschen einsam. Wie sollte seine Umgebung auch begreifen, was er selbst nicht verstehen kann?

Liebe und Schweigen, Glaube und Nacktsein, Hoffnung und Angst gehören bei Gott zusammen wie Fundament und Haus, Frage und Antwort. Dies leuchtet aber nur dem ein, der radikal genug fragt. Als Fundament und Antwort bietet sich uns Gott, damit wir ihn annehmen.

Unübertroffen zeigt uns Johannes vom Kreuz diesen Zusammenhang in seinem Gedicht vom »Kleinen Hirten«: »Ein kleiner Hirte, einsam und bekümmert, / von Freuden fern und von Zufriedenheit / muß immerzu an seine Hirtin denken; / die Liebe ihm das Herz mit Leid beschwert. // Da spricht der kleine Hirt: Ach, unglückselig, / wer meine Liebe abgewiesen hat / und nicht die Freude meiner Nähe will, / das Herz aus Lieb' für ihn mit Leid beschwert. // Am Ende einer langen Zeit stieg er / auf einen Baum; die schönen Arm' ausbreitend / verstarb er dort, von innen festgehalten; / das Herz der Liebe ihm mit Leid beschwert.«[3] Wie ein unglücklich Verliebter steht Christus am Rand unseres Weges, einsam und vergessen: »Die Liebe ihm das Herz mit Leid beschwert.« Die Liebe läßt ihn den sein, der er ist. Durch die Liebe wurde er Mensch, und seine Liebe leuchtete unter den Menschen auf. Doch dieselbe Liebe wurde verachtet und stieß auf Widerstand. Sie ließ ihn welken und am Kreuz sterben.

Die Liebe ist die geheime Wurzel des Widerspruchs, ihr Stamm ist das Kreuz, doch die Frucht, Leiden und Sterben, enthält den Samen, der mit den Blättern im Herbst zu Boden fällt. Wo der Boden nicht nur hart und voller Haß, voller Täuschung und Ablehnung ist, sinkt der Same in die Erde. Herbst und Winter wirken dann wie Ruhezeiten, bis der Same neue Wurzel geworden ist. Für die Liebe gibt es offenbar keinen anderen Weg als diesen.

[1] Gregorii Magni, Dialogi I, Libri IV, hg. v. Umberto Moricca, Bd. 1, Rom 1924, 106f.

[2] Hermann Hesse, Bäume, Frankfurt/M. 1984, 133.

[3] Angelehnt an Text und Übersetzung bei: Walter Repges, Johannes vom Kreuz. Der Sänger der Liebe, Würzburg 1985, 74f und: Die Feier des Stundengebetes. Lektionar, Advent und Weihnachtszeit II/1, Freiburg 1979, 173f.

Heisterbach, ehemalige Zisterzienserabtei

1176 gaben die Augustiner-Chorherren ihre 1142 in Heisterbach gegründete Niederlassung auf. 1189 übernahmen zwölf Zisterzienser der Abtei Himmerod in der Eifel den Ort am Rhein und siedelten 1192 in das nordwärts am Fuß einer Bergkuppe gelegene Tal. Von 1202 bis 1227 bauten sie ihre Abteikirche, 1237 fand schließlich die Endweihe der gesamten Kirche statt. Die Abtei bestand 600 Jahre lang bis zu ihrer endgültigen Aufhebung und Säkularisierung im Jahr 1803. Wegen ihrer Lage am Nordrand des Siebengebirges konnte sie nicht weiter als Bau für andere Zwecke verwendet werden und wurde 1809 zum Abbruch verkauft. Obwohl sie ab 1818 geschützt war, blieb nur noch die Chorruine als Rest der Kirche erhalten.
(Foto: Atelier Pilz)

Das Kreuz trägt

Tief geritzt
ist seine Haut
zerstoßen und gekrönt
er trägt das Kreuz
bis es ihn trägt

Bis zuletzt
ist er
der Erste für die Letzten
er ist
bis zum Äußersten
den Armen der Nächste
er leidet
weil andere leiden

Wie ein Dieb
trägt er das Kreuz
er
der nicht zuschlägt
der liebt
und noch sterbend
den Mördern vergibt

Er gibt sein Gesicht
und mit ihm sich selbst
in den Kampf gegen die Macht und
die Mächte der Härte
trägt er das Kreuz

bis das Kreuz den trägt
der andere trägt
in der Ohnmacht der Übermacht Gottes

Sie ist sein Tod
die ohnmächtige Liebe
sie ist der Stab
den man über ihn bricht
die Menschen beim Kreuz
sie halten aus mit ihm
geschlagen, verzerrt und gebrannt
durchfährt sie sein Schrei
gellt weit in die Einsamkeit

was bleibt
was ihnen bleibt
ein Kreuz
ein Herz
das langsam zerbricht
ein toter Leib
was bleibt

Gottes Allmacht bleibt für allezeit verwandelt in das schmerzverzerrte Gesicht der alles ertragenden Liebe. Wer sich Gott nähern will, muß seither Jesus am Kreuz in aller Ohnmacht umarmen. Wen Christi Herrlichkeit auf dem Tabor blenden soll, der muß wissen, daß jener andere Berg auf ihn wartet, auf dem Jesus starb.
Nachfolge in seiner Liebe bedeutet, Jesus am Kreuz zu umarmen und das Kreuz seiner Ohnmacht zu tragen. Paulus sagt es uns prägnant: »Denn der Gott, der befahl: Aus der Dunkelheit soll Licht aufleuchten, er hat sein Licht in unseren Herzen aufleuchten lassen... Wir tragen diesen Schatz aber nur in zerbrechlichen Gefäßen, damit das Übergewicht an Kraft auf seiten Gottes sei und nicht bei uns« (2 Kor 4,6f).
Gott läßt sein Licht aus uns leuchten, wenn wir von seinem Leiden gezeichnet sind und »auf alle Weise bedrängt, doch nicht erdrückt, im Zweifel, doch nicht verzweifeln, verfolgt, doch nicht verlassen, niedergeworfen, doch nicht vernichtet« sind (2 Kor 4,8f).

Foussais (Frankreich, Vendée)

Die Kirche in Foussais in der Vendée ist eine schlichte Dorfkirche aus dem 12. bis 15. Jahrhundert, die eine beeindruckende romanische Fassade besitzt.
(Foto: Zodiaque)

Im Schweigen ein Lied

Längst sind die letzten Klänge verhallt, längst die letzten Stimmen verstummt. Auch wenn zwischen Säulenstümpfen und halbverfallenem Mauerwerk wie aus einer Meeresmuschel noch die Melodie der Vergangenheit rauscht, so hat doch der Rhythmus von Chorgebet und schweigender Arbeit der Mönche ein Ende gefunden. Lob und Klage hört man nicht mehr, und wenn man nach den Menschen fragt, die hier wohnten, ist keiner, der Antwort geben kann. Der karge Tag hat ausgetagt, die Nacht hat sich auf alles gelegt.

Woran sollen wir uns halten, wenn jeder Halt verlorengeht? Wofür weinen, wenn die Tränen spurlos vertrocknen, die Zeit nur Niedergang bedeutet und die Zukunft nichts anderes ist als der sichere Untergang von allem? Bedrohungen, die wir heute angesichts der immensen Rüstungspotentiale, der immer unkontrollierbareren Technik, der wachsenden Ungerechtigkeiten in der Welt und der brutalen Ausnutzung von Mensch und Natur empfinden, lassen uns ahnen, was die Jünger bei Jesu Tod empfunden haben. Das Ende der Welt war über sie hereingebrochen. Jesus war vor ihren Augen gestorben. Er, auf den sie alle Hoffnung gesetzt hatten. Das Ende war da. Die Erde wurde Schweigen und Grab.

Welches Leben atmen Gräber noch? Ein paar Steine, ein paar Buchstaben, Zeichen, die verwittern und vergehen wie die Erinnerung an die, die sie bezeichnen. Hilflosigkeit springt uns an, Hilflosigkeit und Ohnmacht, weil die letzten Worte gesprochen, die letzten Zärtlichkeiten ausgetauscht, die letzten Blicke gewechselt worden sind.

Und dann sind auch die letzten Tränen geweint. Bernardin Schellenberger sagt über diese aufkommende Gleichgültigkeit: Es »ist der Tag der ausgeweinten Augen ... Das Leid hat seinen Höhepunkt und seine

äußerste Toleranzschwelle überschritten, und Schmerz und Schmerzlosigkeit fallen jetzt zusammen«[1].
Das stumme Grab ist wie die Nacht am Umkreis der Ewigkeit; nach dem Einbruch der Dunkelheit vermag keine Sonne mehr aufzugehen. Wie Sand zwischen den Fingern ist das Leben zerrieselt, die Sterne bleiben ohne Schein.
In dieser Stunde schweigt selbst Gott. Es gibt keine Begegnung mehr in der Gemeinschaft von Gläubigen, keine Feier mit Brot und Wein. Grabesruhe, das Ende ohne Ende, der weglose Weg, der uns in aller Nüchternheit den Spiegel der Endlichkeit vor Augen hält.
In diesem Schweigen liegt alles offen. Wir können uns nicht mehr billig über Hürden, Risse, Gräben und Mauern hinwegtrösten. Schweigend und leidend stehen wir vor Abgründen, über die wir keine Brücke bauen können.
Gott läßt den Kelch nicht an uns vorübergehen, er bricht unsere Zelte ab und verschont nicht einmal die Bauten, die wir ihm zu Ehren errichtet haben. Er leert die letzten Räume, in die wir uns zurückziehen wollen, und raubt uns die letzte Stütze. Warum? Meister Eckhart gibt keine Antwort, allenfalls einen Hinweis: Gott entzieht seinen Freunden jeglichen »Halt, auf daß er allein ihr Halt sei... Sie aber sollen sich als ein reines Nichts erfinden und erachten in all den großen Gaben Gottes. Denn je entblößter und lediger das Gemüt Gott zufällt und von ihm gehalten wird, desto tiefer wird der Mensch in Gott versetzt und um so empfänglicher wird er Gottes in allen seinen kostbarsten Gaben, denn einzig auf Gott soll der Mensch bauen.«[2]

[1] Bernardin Schellenberger, Ein anderes Leben. Was ein Mönch erfährt, Freiburg 1980, 103.
[2] Meister Eckhart, Reden der Unterweisung n. 19, (in: Die deutschen und lateinischen Werke. Die deutschen Werke, Bd. 5, aaO.) 525.

Arles, Aliscamps

Arles ist eine alte, schon zu römischer und später christlicher Zeit bedeutende Stadt im Süden Frankreichs. Aus vorchristlicher Zeit stammt auch bereits der berühmte Friedhof Aliscamps, wo sich unzählige Menschen bestatten ließen. Bis in die christliche Zeit hinein wurde dieser Ort letzte Heimat für viele, deren Sarkophage heute noch Zeugnis davon geben.
(Foto: Christl Blum)

Wenn Gott stumm bliebe

Was wäre, bliebe Gott stumm? Trotz aller Bitten, trotz allen Bemühens, trotz allen Flehens.
Prometheus lehnt sich gegen Gott auf und kämpft um das Feuer, das er besitzen will. Er kann nicht mit dem leben, was er von Gott her ist; er muß haben, was Zeus ihm vorenthält. Ob es der Baum in der Mitte des Gartens ist, dessen Früchte uns verlocken, oder das Geld, das uns fasziniert, immer ist es der Wunsch des Prometheus in uns, haben zu wollen, was uns übersteigt.
Prometheus setzt sein Leben und seine Zukunft ein um zu bekommen, was er sucht. Durch eine List gelingt es ihm. Er bringt das Feuer zur Erde. Das fordert die Rache des Zeus heraus. Aus Zorn verbannt der ihn in den Kaukasus, wo er fortan jämmerlich schmachtet.
Wir Menschen leiden an unserem eigenen Trachten. Statt daß unser äußerer Wohlstand uns ein zufriedenes Leben gewährt, plagt uns das innere Nichts, unsere langsam sterbende Seele. Von diesen Sorgen befreit uns kein Geld und kein Arzt. Es ist eine grausame Erfahrung, gerade dann sich selbst überlassen zu sein, wenn die eigene Kraft versiegt. Schlimmer noch, wir empfinden nicht nur die eigene Leere, sondern spüren ein latentes Schuldgefühl, das uns ahnen läßt, daß wir selbst Ursache unseres Unglücks sind. Wir können uns nicht offen und ehrlich begegnen, weil wir uns selbst nicht radikal genug in Frage stellen.
Nicht anders erlebt es der Glaubende Gott gegenüber. Wer glaubt sich schon dazu berechtigt, Gott zu kritisieren und einen Beweis seiner Liebe zu fordern, damit er redet, uns Einsicht schenkt und tröstet?
Doch der Gott Jesu Christi ist anders als Zeus. Er ist nicht der argwöhnische Herr des Olymp, der das Feuer mißgünstig hütet und das Bemühen und den Erfolg des Menschen mit Mißtrauen beobachtet. Er ist

nicht der Neider von Menschen, die sich lieben, und er mißgönnt uns nicht, was das Leben schön macht.
Wenn Gott schweigt, spricht er zu uns, gibt er uns leise einen Hinweis für unser Leben. Auch wenn er stumm ist, sagt er mehr als jedes unserer Worte. Wenn Gott zurückhaltend ist, ist er uns näher, als wir uns selber sein wollen; er deckt unsere Schwäche auf, die Gewißheit heißt. Gott läßt uns Freiraum. Deshalb scheint er mehr abwesend als anwesend. Er wartet so lange im Hintergrund, bis wir uns selbst die letzte Frage gestellt haben und keine Antwort mehr erwarten. Doch er ist da, wie der Rahmen eines Fensters, den niemand beachtet, wenn er ins Freie sieht. Gott ist da und hört uns geduldig zu. Er läßt uns Zeit zur Einsicht, zum Erkennen, Zeit, um deprimiert zu sein, und Zeit, bis wir uns selbst in seine Hand geben aus dem Wissen heraus, daß wir Ursache unserer Krankheit und Leidtragende zugleich sind.
Gott will in seiner Geduld gefordert sein. Er ist ein Gott, der annimmt ohne Einschränkung und gibt ohne Grenzen. »Niemand war deshalb Prometheus am Kaukasus unähnlicher als Christus an seinem Kreuz. Prometheus dachte, er müßte in den Himmel steigen, um Gott zu stehlen, was er gerade zu geben beschlossen hatte. Christus aber, der in sich alle Reichtümer Gottes und alle Armut von Prometheus hatte, stieg nieder, das Feuer im Herzen verborgen, das Prometheus benötigte. Und er mußte neben dem Dieb Prometheus sterben, um ihm zu zeigen, daß Gott in Wahrheit nichts an Gutem für sich behalten kann.«[1]
Gott hat uns zuerst geliebt (vgl. 1 Joh 4,10). Wir brauchen ihm nichts zu stehlen, weil er gibt und unserem Wunsch zuvorkommt, wenn auch auf seine Weise, maßlos und unbegreiflich. Gott gibt sich selbst. So ist er Mitte und Stütze, er ist Himmel und Erde, Licht und Dunkel, Gewölbe und Fundament. Wir brauchen nicht nach ihm zu greifen, denn er umgibt uns, auf daß wir in ihm aufgehen, »in ihm leben, in ihm uns bewegen, in ihm sind« (Apg 17,28). Seine Neuschöpfung hat begonnen, wo wir in uns die Nacht des Prometheus erkannt haben und allmählich spüren: »Ich lebe, doch nicht mehr ich, sondern Christus lebt in mir« (Gal 2,20).

[1] Thomas Merton, Prometheus: A Meditation, in: ders., Raids on the unspeakable, Exeter 1977, 55–64, 63f.

Charroux (Frankreich, Haut-Poitou)

In Charroux findet man die Überreste einer berühmten, unter Karl dem Großen gegründeten, Abtei. Das Tor stammt aus dem 12. Jahrhundert, der romanische achtekkige Turm aus dem 11. Jahrhundert. Er ist das einzige Überbleibsel der alten Abteikirche.
(Foto: Zodiaque)

Berauscht euch an der Liebe

»Horch, mein Geliebter klopft!« (Hld 5,2). Steh auf und öffne ihm! »Ich öffnete meinem Geliebten: Doch der Geliebte war weg, verschwunden, mir stockte der Atem: Er war weg« (Hld 5,6).

Der menschliche Atem stockte, das Auge war blind, und alles schien verloren. Der Herr, den sie geliebt hatten, er war ihnen genommen. Die Ereignisse überschlugen sich, die unterschiedlichsten Botschaften lösten einander ab. Er sei verschwunden, erzählten die einen; die anderen berichteten, er lebe, sei da oder dort, einige hätten ihn gesehen.

Der Evangelist Johannes erzählt: Maria kam zum Grab. Dort stand ein Mann. Maria hielt ihn für den Gärtner, denn sie erkannte ihn nicht. »Maria«, rief er (Joh 20,16). Da durchfuhr es sie. »Horch, mein Geliebter klopft!«

Gott klopft, er weckt auf, er erweckt alles Tote zum Leben. In seiner Nähe und von ihm aus wird das, was in der Welt starb und tot ist, lebendig. In Jesus wurde er eins mit uns Menschen. In seinem Tod nahm er an, was wir in uns nicht annehmen. Mensch wie wir war er, doch ganz, nicht in Sünde und nicht fern von Gott. Mit uns Menschen lebte er dieses Leben als Sklave, und für uns wurde er »zur Sünde« gemacht (2 Kor 5,21), um uns als Gottes Freunde anzunehmen. So wurde Gott in Jesus unser Bruder, solidarisch mit uns Menschen bis in den Tod hinein. Deshalb ist »Christus, den wir in uns finden, nicht derjenige, den wir vergebens zu bewundern und zu verehren suchen – ganz im Gegenteil. Er hat sich mit dem identifiziert, was wir in uns als unwürdig betrachten, da er unser Mißgeschick und das Übel in uns, unsere Armut und unsere Sünden auf sich genommen hat. Wir werden keinen Frieden in uns besitzen, wenn wir Christus verstoßen, der uns nicht in unserem menschlichen Glanz liebt, sondern in unseren

Schwächen und in unserem Bedürfnis nach ihm; und wir verstoßen ihn, wenn wir unser Leid von uns weisen.«[1] Paradoxerweise wachsen wir in das Reich Gottes hinein, wenn wir von der eigenen Größe Abschied nehmen und uns von den selbstbezogenen Vorstellungen trennen, die wir mit einem Leben in Fülle verbinden.

Gott klopft bei uns an. Er will uns auferwecken, wie wir sind, Geschöpfe seiner Liebe, Menschen, die die ganze Not des eigenen Lebens, die ganze Dürftigkeit und alle Fähigkeiten, die in uns liegen, akzeptieren, Menschen, die in der spröden Trockenheit der oft öden Wegstrecke des Glaubens die Nacht des Karsamstag durchwachen. Wie den Frauen am Grab, so erscheint Gott auch uns beim Morgengrauen. Er ist Licht, die Sonne, die in die Müdigkeit hineinscheint, unsere Augen blendet und uns zum neuen Tag wecken will.

Liebe und Tod sind die beiden Grundmächte des Daseins. Alles, was in der Welt ist, wird von ihnen bewegt. Sie versetzen das Dasein in eine Spannung, die aufgelöst werden will. Daher bedroht der Tod die Liebe und das, was sie wirkt, mit ewiger Vernichtung. Aber »die Liebe ist stark wie der Tod« (Hld 8, 6), und in Jesu Auferweckung von den Toten, erweist sie sich als stärker. Ihre Kraft, die Kraft des Lebens, hebt den trüben Todesschleier. Und obwohl wir uns mit der Welt bewegen, drehen wir uns mit ihr um die eine Mitte, um Gott. Darum führt uns die Liebe nach innen, zur Mitte, wo wir hoffen dürfen, Gott und das Ganze zu finden. Denn die Liebe hält alle und alles zusammen und gibt doch zugleich alles frei. In ihr finden wir nicht mehr allein uns selbst wie in einem Spiegel, sondern wachen in Gott auf (vgl. 1 Kor 13, 12), weil Gott dann alles in allem ist (vgl. 1 Kor 15, 28).

[1] Thomas Merton, La Paix monastique, Paris 1961, 104.

Beaulieu (Frankreich, Rouergue), ehemalige Zisterzienserabtei

Im Tal der Seye gründeten 1144 zwölf Mönche und ihr Abt die Zisterzienserabtei Belloc (Beaulieu). Es war die 45. Tochtergründung, die von Clairvaux, der Wirkstätte des hl. Bernhard, ausging. Unter Bischof Vivian von Rodez begann man in der zweiten Hälfte des 13. Jahrhunderts mit dem Bau der Kirche, die Anfang des 14. Jahrhunderts vollendet war. Zwei Jahrhunderte liegen zwischen der Gründung der Abtei und ihrer Fertigstellung. Die strengen Vorschriften über die Schlichtheit der Bauten waren mittlerweile gelockert. So gibt es beides in Beaulieu: einerseits zisterziensisch klare Formen und Linien und andererseits künstlerisch ausgestaltete Kapitelle mit Blumenmotiven und prächtigen Rosetten.
Geschwächt durch Pest, Kriege und Auseinandersetzungen zwischen Katholiken und Protestanten in und nach der Zeit der Reformation, verließ am 1. 10. 1790 der letzte Prior, Jean-François Mohic, die Abtei. Die Französische Revolution besiegelte das Ende der Abtei. Die Gebäude wurden verkauft und zerfielen. Erst seit 1959 versucht man die Abtei zu retten.
(Foto: Christl Blum)

Karl Otto Jung

Einige Anmerkungen zur ästhetischen Rezeption der Ruine in der Bildenden Kunst des Abendlandes

»Ich habe sein Porträt angefangen, und werde es in Lebensgröße machen, wie er auf denen Ruinen sizet und über das Schicksal der Menschligen Wercke nachdencket.« [1]

Tischbein an Lavater über das Porträt »Goethe in der Campagna di Roma«, Rom am 9. XII. 1786.

Es wäre vermessen, auf diesen wenigen Seiten ein kunst- und geistesgeschichtliches Referat über die Rezeptionsgeschichte der Ruine in der abendländischen Kunst vorlegen zu wollen. Zum einen ist das zu bearbeitende Material hierfür viel zu umfangreich; zum andern bedürfen die geistesgeschichtlichen Beweggründe einer jeden belegbaren Hoch- oder Geringschätzung von Ruinen auch einer eingehenden zeitpsychologischen Betrachtung, einem sicherlich faszinierenden Unterfangen, denn das Interesse an Ruinen scheint in den Tiefen der menschlichen Natur gegründet. Wie oft ist nicht beispielsweise schon ein schlichter Stein, an berühmtem oder heiligem Ruinenort gefunden, privater Kultgegenstand und Zeichen dafür, daß man selber dort war und jetzt gleichsam teilhat an der Größe derer, deren Werke zwar in Ruinen, aber immer noch mächtig von ihren Taten künden. So fließt schmerzlich und tröstlich zugleich in jede Betrachtung der Ruine auch das eigene Leben mit ein: als Manifestation des eigenen Ich in der Gegenwart und als memento mori für die Zukunft.

Ästhetisches Interesse an Ruinen dokumentiert eine an und für sich merkwürdige geistige Haltung, begeistert sie sich doch für Objekte, die sich, ihrer Funktion und ihres Zweckes beraubt, im Zustand der Auflösung befinden. Sie steht damit auch in krassem Widerspruch zu gängigen Grundmustern unseres gegenwärtigen Denkens und paßt schlecht zu solch popularwissenschaftlichen Dogmen wie beispielsweise den Glauben an unaufhaltsamen Fortschritt oder gar zu dem Basissatz der Designästhetik unseres Jahrhunderts, nämlich daß Form und damit Schönheit sich aus Funktionalität ergeben. So scheint das gegenwärtige Interesse an Ruinen aus einer bloß wissenschaftlich-technokratischen Sicht zunächst unverständlich, gewinnt aber sogleich an Plausibilität, wenn man eben diese in Frage stellt. Je problematischer das Vertrauen auf den objektiven Fortschritt wird, desto deutlicher vermag sich der Mensch mit der Fragwürdigkeit und der Hinfälligkeit seiner Taten zu identifizieren.

Das Interesse an Ruinen scheint so alt wie diese selber, wobei allerdings das, was mit Ruine gemeint ist, einer näheren Bestimmung bedarf. Ruinen in dem hier gemeinten Sinne sind architektonische Überreste allein solcher Bauwerke, die ihrer ursprünglichen Formgebung nach sich auch ästhetisch bestimmen lassen und so reine Zweckgebundenheit transzendieren. Denn erst jenes Bauwerk, das sich auch einer ästhetischen Definition im Eigentlichen erschließt, hat gleichsam die Würde, auch Ruine zu sein. Das erfordert wiederum, daß zur Achtung oder gar zur konservatorischen Verehrung von Ruinen immer ein geschärftes ästhetisches Bewußtsein gehört.

So finden sich auch bereits in der antiken Literatur Hinweise auf die Achtung von Ruinen, wobei die Frage dahingestellt sein mag, ob diese den Ruinen selber oder vielmehr den mit ihnen häufig verbundenen magischen Inhalten gilt. Immerhin bleibt festzuhalten, daß die Ehrfurcht vor Ruinen nur aus einem klaren ästhetischen Bewußtsein zu entspringen vermag; das ist wiederum Fingerzeig auf eine Möglichkeit zur Beurteilung von geschichtlichen Epochen in der einen oder anderen Weise.

Und noch ein Aspekt der Ruinenverehrung ist von Bedeutung. Ein in Ruinen gesunkenes Bauwerk ist seiner eigentlichen Bestimmung entfremdet und damit wertlos in einem bloß pragmatischen Sinne. Jedes mögliche Interesse an ihm ist damit von der pragmatischen Seite, die sich bestenfalls noch auf dessen Beseitigung erstrecken könnte, auf die theoretische verlagert. Das zeigt wiederum an, daß das Interesse an

Bad Hersfeld, ehemalige benediktinische Reichsabtei

Im Jahr 736 ließ sich der Bonifatiusschüler Sturmius als Eremit in Hersfeld nieder. 769/770 gründete Lullus von Mainz ein Benediktinerkloster. Nachdem Hersfeld sehr schnell zu großem Besitz kam, setzte ab 1005 die Reform im Kloster ein, die das nächste Jahrhundert bestimmte und sich aus cluniazensischem Geist nährte. 1038 entstand nach einem Brand die neue, 103 m lange Säulenbasilika, 1040 die Krypta, 1144 weihte man den Westbau der Kirche ein. Mit Abt Crato (1517–1556) setzte sich in Hersfeld die Reformation durch. 1761 zerstörte ein Brand die Gebäude der Abtei. Seither steht die Kirche als bedeutende Ruine inmitten der Stadt.
(Foto: Bildarchiv Foto Marburg)

Ruinen grundsätzlich auch mit Theorie verbunden ist, was im übrigen die Geschichte der Ruinenverehrung zu erhärten scheint. Und schließlich ist das ästhetische Interesse an Ruinen spätestens seit der Renaissance in den zahllosen Ruinendarstellungen der bildenden Kunst dokumentiert. Dies ist eine gleichfalls bemerkenswerte Tatsache; es bleibt die Frage, warum ausgerechnet die Ruine ein häufiges und auch geschätztes Bildmotiv in der bildenden Kunst ist.

Auf diese Frage gibt der Kunsthistoriker Eberhard Hempel in seinem Aufsatz »Ruinenschönheit« sicherlich eine zutreffende Antwort, wenn er schreibt: »Die Ruinen ergreifen aber auch insofern den nachsinnenden Verstand, als sie häufig Zeugen großer geschichtlicher Vorgänge sind, die ihr eine eigene Weihe geben. Roms Aquädukte, die Türme unserer Burgen führen dem Beschauer viel eindrücklicher, als es nur irgendwie eine historische Darstellung vermag, den Wandel der Zeiten, die zwingende Notwendigkeit vor Augen, daß auch die menschlichen Bauten dahinschwinden müssen, sobald ihre wirtschaftlichen, politischen und geistigen Voraussetzungen wegfallen, und sie tun dies mit schonungsloser Offenheit; aber gerade deshalb ist ihre Sprache so klar und wahrhaftig in einer Welt, die sich immer wieder, um den Tatsachen möglichst zu entrinnen, mit dem Nebel der Lüge umgibt. In Rom bezeichnen die Ruinen antiker Tempel, Kaiserpaläste, Theater und Wasserleitungen den endgültigen Untergang des Imperium Romanum, worüber auch alle neueren Erklärungen über Weiterbestehen und Wiedererrichtung nicht hinwegtäuschen konnten. Der äußere Verfall ist nur das am Schluß sichtbar hervortretende Zeichen eines inneren Zerfalls, der sich meist lange vorher angekündigt hatte.«[2]

Das Mithineinnehmen von Ruinen in Bildgestaltungen, ihr Einfügen in bauliche Ensembles meint zutiefst auch immer das visuelle Mitgestalten einer eschatologischen Bestimmung. Die Ruine wird zum Symbol für die Eitelkeit des Irdischen. In der Ruine zeigt sich die Wahrheit der irdischen Gegenwart, vornehmlich die Wahrheit, daß selbst das, was wir jetzt und heute als groß empfinden, der endgültigen Bestimmung seiner Auflösung nicht zu entrinnen vermag. So erweist sich die Schönheit von Ruinen gleichsam als die »Schönheit des Negativen«, die der Gegenwart den Spiegel der Wahrheit vorhält.

Im folgenden soll ein kurzer historischer Abriß der Ruinenrezeption gegeben werden, verbunden mit dem vorsichtigen Versuch einer Deutung.

Das Mittelalter verwendet zunächst die noch recht zahlreich vorhandenen Bauten der Antike – soweit sie nicht noch genutzt, bewohnt oder zu Kirchen umgewandelt sind – lediglich als Lieferanten für hochwertiges Baumaterial. Wertvolle Stücke, besonders solche, die sorgfältig mit dem Meißel bearbeitet sind, wie Säulen, Kapitelle, Gesimse und dererlei Werkstücke sind besonders gesucht; sie finden häufig in Repräsentationsbauten – vornehmlich in den Kirchen – Wiederverwendung. Der unter statischen Erfordernissen gewiß überflüssige Säulenwald am Äußeren von San Marco in Venedig etwa – antike Spolien aus dem gesamten Mittelmeerraum – zeigt die Wertschätzung auch des Mittelalters für ästhetische und technische Leistungen der antiken Kultur. Doch schon im ausgehenden Mittelalter erwacht mit dem zunehmenden Verschwinden der antiken Bauten und sicherlich nicht zum geringsten gerade durch den beständigen Raub an ihrer Bausubstanz auch ein konservatorisches Interesse, das durch die Renaissance einen mächtigen Aufschwung erhält. Sie erkennt in den antiken Ruinen Zeugen einer großen Vergangenheit, die es zu achten und zu erhalten gilt. Diese zunächst vornehmlich ästhetische Wertung von Bauwerken einer überwundenen heidnischen Antike ist offenbar erst zu dem Zeitpunkt möglich, als die christliche Religion über Jahrhunderte hinweg sich von der heidnischen Antike gelöst hat und die antike Kultur selber so fern gerückt ist, daß ihre Schattenseiten ohne Bedeutung sind. Wie wäre sonst denkbar, daß im 16. Jahrhundert ausgerechnet das sogenannte Goldene Haus des aus christlicher Sicht zu verabscheuenden Kaisers Nero mit großem allgemeinen Interesse auch von seiten der Kirche ausgegraben wird?

In der Renaissance setzt eine wahre Ruinenbegeisterung ein. In der bildenden Kunst, vornehmlich der Malerei, wird die jetzt häufig dargestellte Ruine zu einer Art Bindeglied zur Kunst und Kultur der Antike, die als vorbildlich erachtet werden. Antike Ruinen werden in Italien, wo immer möglich, in die Gartenarchitektur miteinbezogen. Werden und Vergehen im menschlichen Werk und in der Natur werden so parallel gesetzt, das eine zum Sinnbild des andern; die Ruine wird Gleichnis der Vergänglichkeit und der Vergeblichkeit menschlichen Tuns.

Altra Veduta del
tempio della Sibilla
in Tivoli
1 Sustruzioni dell' aja del
tempio dalla parte della
cascata del Teverone.
2. Parte del Tempio sup=
posto d'Albunea.
Piranesi F.

Giovanni Battista Piranesi, Der Sibyllentempel in Tivoli, Radierung aus: Vedute di Roma

Den »Rembrandt der antiken Ruinen« – so nannte man Giovanni Battista Piranesi (1720–1778) bereits zu Lebzeiten, als Rom zum Inbegriff nordischer Sehnsucht und zum Ausgangspunkt klassischer Altertumsforschung wurde. Der Venezianer Piranesi kam 1740 nach Rom und arbeitete bis zu seinem Tod an seinem Werk »Vedute di Roma«. Diese Sammlung von Stadtansichten umfaßt einzigartige großformatige Kupferstiche und Radierungen. Begabt mit einer ausgesprochen malerisch-poetischen Vorstellungskraft steigerte Piranesi die Bauten ins Gigantische und schuf Architekturphantasien wie die gegen 1745 entstandenen »Carceri« – unheimliche, gewaltige, sich gespenstisch auftürmende Kerkervisionen.

In die Sammlung »Vedute di Roma« gehört auch die Ansicht des Sibyllentempels in Tivoli. In der Nähe Roms gelegen, war Tivoli bereits in der Antike eine beliebte Sommerfrische, die unter Kaiser Hadrian ihre höchste Blüte erlebte. Der Ort liegt an einem Steilhang hoch über der Campagna und gewährt einen weiten Blick bis hin zum Meer. Natürliche Schönheit verbindet sich mit künstlerischer Gestaltung: Neben der Villa d'Este mit ihren Wasserkünsten ist es auch heute noch der über dem Abhang liegende, aus der Zeit der römischen Republik stammende Rundtempel, der den Besucher erfreut.

Auf Piranesis Radierung wirkt der zierliche Rundtempel recht monumental und weit weniger idyllisch als auf Ansichten zeitgenössischer Künstler. Das liegt nicht zuletzt an der Perspektive von einem etwas unterhalb liegenden Standpunkt, der die mächtigen, rohen Substruktionen – sie erinnern an die Architekturgebilde der „Carceri" – in den Vordergrund rücken läßt. Einen dramatischen Akzent erhalten die Ruinen durch die wildzerklüfteten, verkrüppelten oder absterbenden Bäume und durch die zum Teil heftig gestikulierenden Personen, die die Architektur bevölkern. Aus dieser Unruhe wachsen, dem Licht und der Weite der römischen Campagna zugewandt, in klärendem Gleichmaß die Säulen mit ihren korinthischen Kapitellen empor, die das friesgeschmückte Gebälk tragen – ein Anklang an einstige Ordnung und Größe.

(Foto: Bildarchiv Preußischer Kulturbesitz – Petersen)

Jetzt kann sogar der bescheidene Stall von Bethlehem zur gewaltigen Steinruine werden. Während in Italien auf den Gemälden der Renaissance die Ruinen klassisch antikes Aussehen haben, sind diejenigen, die den Stall von Bethlehem auf Albrecht Dürers sogenanntem Paumgärtneraltar – jetzt in der Alten Pinakothek in München – bilden, die einer zerfallenen ottonischen Basilika, wie die romanischen Würfelkapitelle eindeutig anzeigen. Auf Hans Baldungs Bild – in derselben Galerie – begleitet die Ruine die Geburt des Heilands schon als gespenstische Kulisse, Sinnbild einer unheilen Welt. Das göttliche Kind ist wie der Phönix aus der Asche; es wird in den Ruinen der alten Welt geboren, um die neue Welt zu schaffen. So hat der Ruinenkult der Renaissance bereits zwei deutliche Aspekte: einmal den einer Verehrung der Antike, die antiken Ruinen werden fortan konservatorisch behandelt und gegebenenfalls in neuen architektonischen Zusammenhang gebracht; zum andern den einer Allegorie der Vergänglichkeit. Die nachfolgenden Jahrhunderte betonen einmal den einen, einmal den anderen Aspekt, wobei die jeweilige Vorliebe wiederum Schlüssel für die geistige Disposition einer jeden Zeit ist.
Doch je näher wir unserer Gegenwart kommen, um so größer scheint auch das Interesse an Ruinen. Das 18. und 19. Jahrhundert begnügen sich nicht – und dies ist ein vorläufig in der Kunst- und Geistesgeschichte noch viel zu wenig erforschter Vorgang – mit zahllosen Prachtpublikationen über Ruinen und Ruinenstädte, allen voran Piranesi in Rom; die Ruine steht nicht nur zentral als Bildinhalt im Schaffen romantischer Künstler – etwa im Werk des großen Caspar David Friedrich –, nein, diese beiden Jahrhunderte bauen sogar künstlich Ruinen dort, wo die Geschichte keine hinterlassen hat; sie begehen damit eine in Stein manifestierte Geschichtsfälschung, indem sie etwas als historisch behaupten, was nur in ihrer Phantasie besteht. Doch damit ist der Endpunkt dieser Entwicklung keineswegs erreicht, denn jetzt werden Ruinen, ja geradezu apokalyptische Ruinenlandschaften – man beachte in diesem Zusammenhang den Ausdruck »Landschaft« – und folgerichtig auch Katastrophen herbeigeträumt; die eigene Gegenwart wird schon als Vergangenheit erfahren und ihre Monumente in Ruinen. So malt Hubert Robert im Jahre 1796 die heute noch bestehende Große Galerie des Louvre in Ruinen; wie erschreckend ähnlich

ist doch dieses erträumte Bild jenen Fotografien, die wir von den Ruinen des sich unmittelbar anschließenden Tuilerienschlosses kennen, das der Zerstörung der Pariser Kommune zum Opfer fiel. In Deutschland stellt Caspar David Friedrich das vollkommen erhaltene Bauwerk seiner Geburtsstadt, die Jacobikirche in Greifswald, als Ruine dar; er erschaut damit nicht nur die Zerstörung der Kirche als Bauwerk, sondern schafft auch ein Sinnbild der Überwindung und Aufhebung der Kirche als vermittelnde Institution zwischen Gott und Mensch, deren der aufgeklärte Mensch in seiner Freiheit nicht mehr bedarf. Und schließlich zeichnet Gustave Doré 1872 das zerstörte London, eine grandiose Ruinenlandschaft: hell erleuchtet über dem zerstörten London die St.-Pauls-Kathedrale. Wer vermag sich da eines Vergleichs mit den bekannten Dokumentaraufnahmen des Zweiten Weltkriegs zu enthalten: die St.-Pauls-Kathedrale im Scheinwerferlicht der Flugabwehr.

Mit dem architektonisch geplanten Neubau von Ruinen und mit dem Herbeiträumen von Ruinenlandschaften ergeben sich neue Aspekte, die auf das 20. Jahrhundert verweisen. Die Ruine wird elementares Bauwerk, Architektur l'art pour l'art. Nichts Zufälliges einer ehemaligen Bestimmung haftet ihr mehr an; sie ist zwecklos, sinnentleert nur Form, die allein ästhetisch wirken will. Hier, in der sich autonom gebärdenden Form der Ruine, die an und für sich gilt und nur ihre durch Zufall-Verfall sich verändernde Form zum Inhalt hat, ist ein Grundprinzip der Kunst des 20. Jahrhunderts vorgegeben. Ebenso wie manch andere Ausprägungen der Kunst der Gegenwart ihre Grundlegung in der nachkantischen Philosophie des Idealismus – vor allem bei Schlegel, Novalis und Hegel – haben, so lassen sich auch die geistigen Wurzeln der Begeisterung für Ruinen dorthin verfolgen. Hegel schreibt über den »ironischen«, den eigentlich modernen Künstler: »Das Ironische aber als geniale Individualität liegt in dem Sich-Vernichten des Herrlichen, Großen, Vortrefflichen, und so werden auch die objektiven Kunstgestalten nur das Prinzip der sich absoluten Subjektivität darzustellen haben, indem sie, was dem Menschen Wert und Würde hat, als Nichtiges in seinem Sich-Vernichten zeigen.«[3]

Damit ist das 20. Jahrhundert heraufbeschworen, das im Bombenhagel der Weltkriege Ruinenlandschaften von bislang unvorstellbarem Aus-

MORIMOND (FRANKREICH, AUF DER GRENZE VON LOTHRINGEN UND DER CHAMPAGNE)
EHEMALIGE ZISTERZIENSERABTEI

Am Rand eines Waldgebietes liegen die spärlichen Reste der Zisterzienserabtei Morimond. An der Stelle einer früheren Eremitage gründete Abt Arnold mit zwölf Mönchen von Cîteaux aus im Juni 1115 dieses Kloster. Es war die vierte Tochtergründung nach La Ferté (1113), Pontigny (1114) und Clairvaux (1115). Seit 1157 Primarabtei, wurde sie Mutterkloster von über 200 Abteien (vor allem in Bayern und Österreich). Durch Abt Arnold, dessen Bruder Friedrich Erzbischof in Köln war, erklärt sich die Verbundenheit zu Deutschland. 1791 wurde der Konvent vertrieben.
Die Aufnahme zeigt einen Ausschnitt des westlichen Seitenschiffes der Kirche (geweiht 7. 9. 1253) und des westlichen Vorbaues (18. Jahrhundert).
(Foto: Christl Blum)

HIRSAU (BEI CALW/SCHWARZWALD), EHEMALIGE BENEDIKTINERABTEI

Erstmals wurde Hirsau wohl um 830 von Mönchen besiedelt. Nach einem ersten Niedergang ist im 11. Jahrhundert auf Anregung von Papst Leo IX. das Kloster neu errichtet und von Einsiedeln aus besiedelt worden. Abt Wilhelm aus St. Emmeram/Regensburg, das zur gorzischen Reform gehörte, ermöglichte dem Kloster große Freiheiten von weltlichem Einfluß; er führte auch eine an die Reform von Cluny angelehnte neue Lebensorientierung ein, die sich wieder strenger an die Benediktregel hielt. Die »Hirsauer Reform« prägte zahlreiche Neugründungen und Niederlassungen in Süddeutschland, Thüringen, Hessen, Österreich und dem Elsaß. Nach 1150 setzt jedoch der Niedergang des Klosters ein. Im Bauernkrieg geplündert und protestantisch geworden, wurde es am 20. 9. 1692 unter dem französischen General Mélac zerstört.
(Foto: Bildarchiv Foto Marburg)

maß geschaffen hat, Ruinenlandschaften, die alsbald auch ihre Bewunderer gefunden haben, so makaber dies in Anbetracht des damit verbundenen Leids sein mag. Aber eine ästhetische Betrachtungsweise hebt ja, wie wir nur allzuoft erfahren müssen, eine moralische auf. So kann sich ganz in der Tradition der Ruinenromantik der Kunstwissenschaftler Hempel 1948 einer bloß ästhetischen Betrachtung der im infernalischen Angriff auf Dresden entstandenen Ruinenlandschaft hingeben, wenn er schreibt: »Aber ein für künstlerische Eindrücke offenes Auge entdeckt bald, daß die größere Einheit, wie sie sich durch das Hervortreten des Kernbaus ergibt, den Bauten häufig eine Schönheit verleiht, die sie früher bei meist mannigfach dekoriertem Bewurf und vielen unwesentlichen Einzelheiten nicht besessen haben. Diese Wirkung steigert sich noch mit der Zeit, sobald die zerfallenen Mauern dem Walten der freien Natur anheimfallen. Je mehr sich die Formen zersetzen, desto lebhafter wird die Phantasie angeregt, sich die ehemalige Gestalt vorzustellen. Dies ist auch der Grund der malerischen Wirkung von Ruinen. Sie gleichen Skizzen, die den Beschauer veranlassen, den Inhalt sich zu ergänzen und dadurch stärker anzuzeigen, als wenn sich dieser sofort klar und vollständig gezeigt hätte.«[4]
Kehren wir zum Anfang zurück: Goethe sitzt in der römischen Campagna auf antiken Ruinen und meditiert über das Schicksal der menschlichen Werke; hier ist der ästhetische Aspekt noch mit dem moralischen verbunden, die Ruine ein Gleichnis der Vergänglichkeit – und Vergeblichkeit alles Menschlichen. Erst das 19. und dann vor allem das 20. Jahrhundert werden – wie Hegel schreibt – das, »was dem Menschen Wert und Würde hat, als Nichtiges in seinem Sich-Vernichten zeigen«[5]: durch seine Ästhetisierung und Propagierung als Kunstwerk.

[1] Christian Lenz: *Tischbein,* Goethe in der Campagna di Roma; Städelsches Kunstinstitut und Städtische Galerie, Frankfurt am Main 1979, 9.

[2] Eberhard Hempel: »Ruinenschönheit«, in: Zeitschrift für Kunst, Leipzig 2. Jahrgang 1948, Heft 2, 76.

[3] Hegel: Vorlesungen zur Ästhetik; zitiert nach Hans Sedlmayr: »Ästhetischer Anarchismus in Romantik und Moderne«, in: Epochen und Werke III, Mittenwald 1982, 259f.

[4] Hempel aaO.

[5] Hegel aaO.